公路工程标准规范理解与应用丛书

《公路土工合成材料应用技术规范》释义手册

邓卫东　等编著

人民交通出版社

内 容 提 要

本手册为《公路土工合成材料应用技术规范》(JTG/T D32—2012)的配套图书,由规范主要起草人编写。其章节顺序与规范基本一致,增加了两节工程实例。本手册主要介绍了规范条文的编制背景、编制依据,对重点条文进行了解释和说明,为读者提供了与规范条文要求相对应的技术措施、技术工艺等。

本手册可供从事公路工程路基路面设计、施工的工程技术人员,以及相关科研人员使用。

图书在版编目(CIP)数据

《公路土工合成材料应用技术规范》释义手册 / 邓卫东等编著. - - 北京 : 人民交通出版社, 2012.7

ISBN 978-7-114-09926-7

Ⅰ. ①公… Ⅱ. ①邓… Ⅲ. ①道路工程 - 土木工程 - 工程材料 - 合成材料 - 技术规范 - 注释 Ⅳ. ①U414.1-65

中国版本图书馆 CIP 数据核字(2012)第 155686 号

书　　名:《公路土工合成材料应用技术规范》释义手册
著 作 者:邓卫东　等
责任编辑:吴有铭　李　农
出版发行:人民交通出版社
地　　址:(100011)北京市朝阳区安定门外外馆斜街 3 号
网　　址:http://www.ccpress.com.cn
销售电话:(010)59757969,59757973
总 经 销:人民交通出版社发行部
经　　销:各地新华书店
印　　刷:北京市密东印刷有限公司
开　　本:720 × 960　1/16
印　　张:13
字　　数:186 千
版　　次:2012 年 7 月　第 1 版
印　　次:2012 年 7 月　第 1 次印刷
书　　号:ISBN 978-7-114-09926-7
定　　价:38.00 元
(有印刷、装订质量问题的图书由本社负责调换)

本书编委会

主　　编：邓卫东

副 主 编：郑健龙　吴万平　郑　治　李志勇

　　　　　薛　明　张冬青　严秋荣

编　　委：邹维列　刘昭晖　陈　芳　阮艳彬

　　　　　冯守中　邹静蓉　董　城

前　言 QIANYAN

时隔13年，新修订的《公路土工合成材料应用技术规范》(JTG/T D32—2012)颁布实施。13年间，土工合成材料无论在品质和品种规格方面，还是在工程应用方面，都有了很大的发展。为帮助广大技术人员更好地理解规范条文并了解条文编制的背景，正确运用规范解决工程实际问题，我们编写了《〈公路土工合成材料应用技术规范〉释义手册》一书。

本书内容仅供参考，如有与《公路土工合成材料应用技术规范》(JTG/T D32—2012)不一致之处，以后者规定为准。

为便于读者阅读，本书中规范条文采用楷体，条文释义采用宋体。

本书由多位撰稿人共同完成，其中第1章至第4章由邓卫东撰写，第5章由郑治撰写，第6章由李志勇撰写，第7章、第12章由吴万平撰写，第8章、第10章由薛明撰写，第9章、第11章由郑健龙撰写，全书由邓卫东统稿。在编写过程中，得到了有关单位和个人，以及参与规范编制的人员的大力支持，在此表示衷心感谢！

书中不妥之处，敬请广大读者批评指正。

作　者

2012年6月

目 录 MULU

1 总 则

1.0.1 为规范土工合成材料在公路工程中的应用，满足工程安全可靠、经济合理的要求，制定本规范。

随着我国公路建设规模的扩大，面临的建设和养护工程问题越来越多，土工合成材料在公路工程中的应用越来越广泛。据不完全统计，目前每年用于公路工程的土工合成材料市值在6亿元以上，土工合成材料已成为继水泥、钢材、沥青后的第四大公路建筑材料。

《公路土工合成材料应用技术规范》(JTJ/T 019—98)(简称原规范)1999年初作为行业推荐性标准颁布实施，实施13年来，积极地推动和指导了土工合成材料的应用，解决了众多工程技术难题，对保证工程质量起到了积极作用。但应当看到，13年来，土工合成材料无论在品质和品种规格方面，还是在工程应用方面，都有了很大的发展，原规范已难以满足工程建设与养护的需要，需求与技术标准之间的矛盾日渐突出。为此，交通运输部公路局下达了《公路土工合成材料应用技术规范》的修订任务，以进一步规范土工合成材料在公路工程中的应用。

在修订过程中，编写组收集了有关标准、指南、手册，广泛借鉴了国内外的先进技术与经验，特别是2000年以来西部交通建设科技项目的有关科研成果，以及我国公路部门在公路路基、路面、地基处理等工程中应用土工合成材料进行加筋、排水、防护等方面的成功范例。2000年以来开展的主要土工合成材料科研项目见表1-1。与原规范相比，本规范进一步完善了路堤加筋的稳定性计算方法、加筋材料的安全系数、坡面防护结构形式及要求，土工合成材料在路面裂缝防治中的应用条件、材料与施工要求，土工合成材料应用的质量管理及检查验收；补充了新的防排水材料及其相关的材料要求、应用场合、应用形式，土工格室、植生袋、土工格栅喷射混凝土坡面防护措施等内容；新增了路基不均匀沉降防治、防沙固沙、膨胀土路基处治、盐渍土路基处治等章节。考虑到与相关规范的衔接，对一些规范已经涉及，并阐述得比较清楚的内容，如《公路隧道设计规范》涉及的一些防排水材料等，本规范不再涉及，应用时，可参考相关规范。

2000年以来开展的主要土工合成材料科研项目　　表1-1

项目来源	类型	项目名称
西部交通建设科技项目	专门项目	(1)土工合成材料固沙技术研究 (2)加筋土路基力学行为与设计方法的研究 (3)土工合成材料在边坡处治中的应用研究 (4)土工合成材料在黄土地区公路中的应用研究 (5)土工合成材料在低造价路面中的应用研究 (6)土工合成材料在边坡处治中的应用研究
	主要相关项目	(1)膨胀土地区公路修筑成套技术研究 (2)路用防排水材料的开发研究 (3)盐渍土地区公路修筑成套技术研究 (4)沙漠地区公路修筑成套技术研究 (5)新老路基结合部处治技术 (6)山区支挡结构的研究
其他	交通运输部	土工合成材料铺设损伤和老化指标的确定
	国家科技部	路基排水新材料的开发与工程应用

1.0.2　本规范适用于各等级公路工程。

本规范是交通运输部发布的行业标准，主要针对交通系统的公路工程建设与养护，其他类似工程及结构应用土工合成材料时，可参照使用。

1.0.3　应用土工合成材料的公路工程，应遵循因地制宜、合理取材、有利施工、方便养护的设计原则，根据公路等级及所处地质、水文、气候等条件进行方案比选，做到安全环保、经济适用。

工程问题往往可采用多种方案处理，应遵循安全环保、经济适用的原则，进行多方案比选，尤其是与采用常规材料的方案进行比选。与原规范相比，在此增加了利于环保的原则，主要是考虑到有时利用土工合成材料可能会改变原有的地下水系，改变原有环境。

1.0.4 用于公路工程的土工合成材料应符合国家和行业有关产品标准及环境保护的要求，根据应用目的、工程特性、所处的环境条件和材料性能进行材料选择。

应用于公路工程的土工合成材料首先应当是合格产品，并且不能污染环境和有损人体健康。其次，不同的土工合成材料原材料有不同的特性，适应不同的酸碱土质环境及温度、紫外线环境。再次，不同的土工合成材料有不同的物理力学特性，如有的土工合成材料强度较高、有的渗透和排水能力强、有的隔离能力强。在实际工程中，一种土工合成材料有时还发挥多种功能，如在软基上的路堤底部铺设土工织物，其兼具过滤、排水、加筋、隔离等多种功能。因此，应当根据应用目的、工程需求、所处的环境条件，选择合适的土工合成材料。

从2002年起，交通运输部西部交通建设科技项目陆续开展了土工合成材料特性方面的研究，并结合公路工程特点，制定了“公路工程土工合成材料系列标准”。该系列标准基本上涵盖了公路工程常用的土工合成材料，是公路工程界选择土工合成材料的重要参考依据。

1.0.5 应加强土工合成材料在运输、工地储存、施工中的管理。施工中，应合理选择施工机具，减少施工对土工合成材料的损伤；用于隐蔽工程的土工合成材料，铺设后应及时回填、覆盖。

不同的碾压机具对土工合成材料的损伤不同，施工中宜采用光面压路机，羊足碾、冲击式碾等可能造成土工合成材料损伤的碾压机具应慎用。

土工合成材料大部分为聚乙烯和聚丙烯类等高分子材料，受紫外线照射易老化，因此，要求对加筋、防排水、特殊路基处治等隐蔽工程，铺设土工合成材料后应及时回填、覆盖。

1.0.6 应用土工合成材料的公路工程,除应符合本规范的规定外,尚应符合国家现行有关标准的规定。

应用土工合成材料的公路工程,因应用材料发生变化以及由此带来的某些结构形式的变化,也可能会引起其他相关工程和公路整体工程的变化,因此,其设计、施工、测试方法及性能要求尚应符合相关标准规范的规定。主要相关的标准、规范、规程有:

《公路路基设计规范》(JTG D30—2004);

《公路路基施工技术规范》(JTG F10—2006);

《公路沥青路面设计规范》(JTG D50—2006);

《公路沥青路面施工技术规范》(JTG F40—2004);

《公路沥青路面养护技术规范》(JTJ 073.2—2001);

《公路水泥混凝土路面设计规范》(JTG D40—2003);

《公路排水设计规范》(JTJ 018—1986);

《公路工程质量检验评定标准　第一册　土建工程》(JTG F80/1—2004);

《公路土工合成材料试验规程》(JTG E50—2006)。

2 术 语

2.0.1 土工合成材料 geosynthetics

工程建设中应用的以人工合成或天然聚合物为原料制成的工程材料的总称,其主要品种有土工织物、土工膜、土工复合材料、土工特种材料等。

土工合成材料品种多,选用基材复杂,制造方式也千差万别,因此,很难从某一角度(如基材种类、制作方法、组成形式或作用等)给土工合成材料下一确切定义,其分类也存在同样困难。

各术语的定义目前没有统一,在此列出的各术语是参照1999年颁布实施的国家标准《土工合成材料应用技术规范》(GB 50290—98)和交通运输部颁布的“公路工程土工合成材料系列标准”,以及编写组的理解而解释的。

对某些常有术语,如防护、排水以及一些有关土性及其力学参数等方面的术语由于已约定俗成,未再列入。一些土工合成材料物理、力学、水力学性质术语在《公路土工合成材料试验规程》(JTG E50—2006)中已列出,本规范也不再列入。

2.0.2 土工织物 geotextile

透水性的平面土工合成材料(又称土工布)。主要包括无纺(非织造 non-woven)土工织物、有纺(织造 woven)土工织物。

无纺土工织物是由短纤维或长丝按定向排列或非定向排列结合在一起的织物。

有纺土工织物是由纤维纱长丝按一定方向交织而成的织物。

2.0.3 土工膜 geomembrane

由聚合物制成的一种相对不透水的薄膜。

2.0.4　排水板(带)　drainboard

由不同凹凸截面形状、具有连续排水通道的合成材料芯材,外包无纺土工织物构成的复合排水材料。宽度大于100mm的称为排水板,小于或等于100mm的称为排水带。

对板、带的划分主要参照了交通运输部颁布的“公路工程土工合成材料系列标准”中的《公路工程土工合成材料　塑料排水板(带)》(JT/T 521—2004)。

2.0.5　长丝热粘排水体　drainage of hot agglutinated thread

由高分子聚合物长丝经热粘堆缠成不同形状的排水芯材,外包土工织物构成的复合排水材料,又称速排龙或塑料排水盲沟。

2.0.6　透水软管　osmosis water hose pipe

以经防腐处理、外覆高分子聚合物的弹簧钢丝或其他高强材料丝为骨架,外包土工织物构成的复合排水材料,又称软式透水管。

2.0.7　透水硬管　osmosis water rigid pipe

以高分子聚合物或其他材料制成的多孔管材为芯材,外包土工织物构成的复合排水材料,又称硬式透水管。

2.0.8　缠绕式排水管　wound drainage pipe

聚乙烯或其他高分子材料挤出的带材,或在其中加入其他材料的带材,经缠绕焊接制成的排水管材。

2.0.9　土工格栅　geogrid

具有较高强度,其开孔可容周围土、石或其他土工材料穿入,用于加筋的平面材料。包括塑料拉伸土工格栅、经编土工格栅、粘结或焊接土工格栅等。

2.0.10 土工带 geobelt

经挤压拉伸或再加筋制成的条带抗拉材料。包括塑料土工带、钢塑土工带等。

2.0.11 土工格室 geocell

由长条形塑料片材或在其中加入钢丝、玻璃纤维、碳纤维的片材,通过焊接、插件或扣件等方法连接,展开后构成蜂窝状或网格状的立体结构材料。

2.0.12 土工网 geonet

高分子聚合物经挤出制成的网状材料或其他材料经编织形成的网状材料。包括塑料平面土工网、经编平面土工网、塑料三维土工网、经编三维土工网等。

2.0.13 土工模袋 geofabriform

双层聚合化纤织物制成的连续或单独的袋状材料。可用高压泵将混凝土或砂浆灌入其中,形成板状或其他形状的防护结构。

2.0.14 泡沫聚苯乙烯板块 expanded polystyrene sheet(EPS)

由聚苯乙烯加入发泡剂膨胀经模塑或挤压制成的轻型板块。

2.0.15 植生袋 sacks containing seeds

采用孔隙率为70% ~99.5%的多功能过滤毯状纤维,运用针刺法和喷胶法生产出的,内含草种、灌木种、培养料、保水剂和肥料等绿化辅料的袋状材料。

2.0.16 土工织物膨润土垫 geosynthetic clay liner(GCL)

土工织物或土工膜间包入膨润土或其他低透水性材料，并通过针刺、缝接或化学黏结制成的一种防水材料。

2.0.17 等效孔径 equivalent opening size

用于表示织物型土工合成材料孔隙大小的指标，又称表观孔径，系指织物孔径分布曲线中小于某一百分数对应的孔径。

等效孔径是土工织物的一个特有概念，在美国也称为“表观孔径(apparent opening size，AOS)”，常以O_{95}表示，系指在织物的孔径分布曲线中(图2-1)，对应于95%的那个孔径。也就是说，在织物大小不同的孔隙中，有95%的孔径小于该孔径。

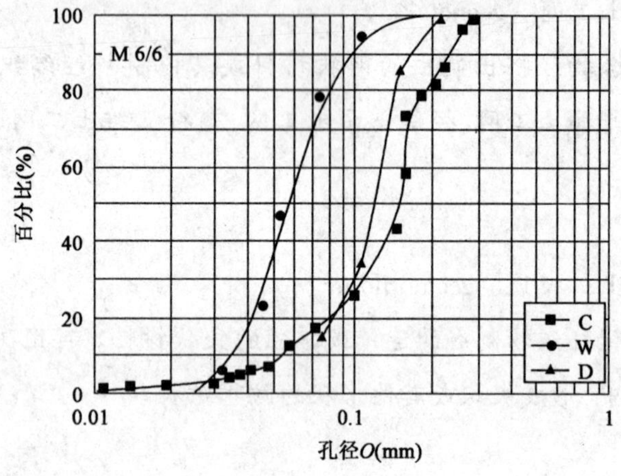

图2-1 典型的孔径分布曲线（无纺织物）(Atmatzidis et al，2006)

确定O_{95}值的方法有间接法(如干筛法、湿筛法)和直接法(如水银压入法、图像分析法等)，用不同测试方法求得的孔隙分布曲线，有时可能差别很大。一般认为，湿筛法比干筛法要优越，但比较麻烦。据试验，采用干筛法求得的等效孔径比湿筛法略大，可大25%左右。

对土工网、土工格栅等网状型土工合成材料，往往用当量孔径作为表征其孔隙大小的指标，是将某种形状的网孔换算为等面积圆的直径。

2.0.18 特征粒径 indicative grain size

与某一筛余率对应的土粒径,用于表示土颗粒大小的指标。

2.0.19 极限抗拉强度 ultimate tensile strength

材料抵抗拉伸破坏的极限能力,又称断裂强度。数值上等于试样受单轴拉伸时,单位宽度的最大拉力。

2.0.20 延伸率 rate of elongation

材料试样受单轴拉伸时的伸长量与原长度的比值。

2.0.21 设计计算抗拉强度 design tensile strength

考虑设计使用年限内相关因素影响后取用的土工合成材料抗拉强度。

2.0.22 加筋 reinforcement

利用土工合成材料改善土体或结构的力学性能的行为。

2.0.23 过滤 filtration

土中呈渗流状态的流体流经多孔材料时,允许流体通过,把起骨架作用的固体颗粒截流下来的行为。

2.0.24 柔性支护技术 flexible reinforcement technology

以土工格栅为主要加筋材料而构建的具有良好整体性、可变形性和结构稳定性,且具有坡面防护和防排水功能的边坡综合处治技术。

3 土工合成材料及其工程应用

3.1 一般规定

3.1.1 土工合成材料可按表3.1.1进行分类。

土工合成材料类型　　表3.1.1

	大类	亚类	典型品种
土工合成材料	土工织物	有纺(织造 woven)	机织(含编织)、针织等
		无纺(非织造 non-woven)	针刺、热粘、化粘等
	土工膜	聚合物土工膜	
	土工复合材料	复合土工膜	一布一膜、两布一膜等
		复合土工织物	
		复合防排水材料	排水板(带)、长丝热粘排水体、排水管、防水卷材、防水板等
	土工特种材料	土工格栅	塑料土工格栅(单向、双向、三向土工格栅)、经编土工格栅、粘结(焊接)土工格栅等
		土工带	塑料土工加筋带、钢塑土工加筋带等
		土工格室	有孔型、无孔型
		土工网	平面土工网、三维土工网(土工网垫)等
		土工模袋	机织模袋、针织模袋等
		超轻型合成材料	如泡沫聚苯乙烯板块(EPS)
		土工织物膨润土垫(GCL)	
		植生袋	

土工合成材料的分类，至今尚不统一，从原材料、结构形式、功能等不同角度，可以进行不同的分类。

本规范对土工合成材料的分类，主要参考了两个标准：其一是1999年颁布实施的国家标准《土工合成材料应用技术规范》(GB 50290—98)(表3-1)，该分类比较系统，总体上包含了在公路工程中应用到的土工合成材料；其二是从2002年起交通运输部陆续颁布实施的“公路工程土工合成材料系列标准”(表3-2)，该系列标准对每一类材料进行了细分。

《土工合成材料应用技术规范》(GB 50290—98)的分类　　表3-1

土工合成材料	土工织物	织造	机织(含编织)
			针织
		非织造(无纺)	针刺
			热粘结
			化学粘结
	土工膜		
	土工复合材料	复合土工膜	
		复合土工织物	
		复合防排水材料	排水带、排水管、排水防水材料等
	土工特种材料	土工格栅、土工带、土工格室、土工网、土工膜袋、土工网垫、土工织物膨润土垫(GCL)、聚苯乙烯板块(EPS)等	

公路工程土工合成材料系列标准分类　　表3-2

	大　类	典 型 品 种	标准名称
土工合成材料	有纺土工织物	机织有纺土工织物	JT/T 514—2004 有纺土工织物
		针织有纺土工织物	
	无纺土工织物	热轧、热粘、化粘	JT/T 667—2006 无纺土工织物
	土工格栅	塑料拉伸土工格栅	JT/T 480—2002 土工格栅
		经编土工格栅(如：玻璃纤维格栅、高强聚酯长丝经编格栅)	
		粘结、焊接土工格栅	
	土工网	平面土工网[如：塑料平面土工网、经编平面土工网(玻璃纤维、高强聚酯长丝)]	JT/T 513—2004 土工网
		三维土工网(土工网垫)[如：塑料三维土工网、经编三维土工网(塑料长丝、可降解纤维)]	

续上表

	大　类	典型品种	标准名称
土工合成材料	土工格室	塑料土工格室	JT/T 516—2004 土工格室
		增强土工格室	
	土工加筋带	塑料土工加筋带	JT/T 517—2004 土工加筋带
		钢塑土工加筋带	
	土工膜	按选用的原材料分为不同类型	JT/T 518—2004 土工膜
	防水材料	防水卷材	JT/T 664—2006 防水材料
		防水涂料	
		防水板	
	排水材料	排水带	JT/T 665—2006 排水材料
		长丝热粘排水体	
		透水软管(如:钢丝弹簧透水软管、高强合成树脂透水软管等)	
		透水硬管(如:合成树脂多孔管、水泥多孔管、钢花管等)	
	塑料排水板(带)	塑料排水板、塑料排水带	JT/T 521—2004 塑料排水板(带)
	土工模袋	机织土工模袋	JT/T 515—2004 土工模袋
		针织土工模袋	

本规范分类,将原规范的玻璃纤维网、高强聚酯长丝编织网划分到了格栅中,将土工垫划分到土工网中,是考虑到与公路工程土工合成材料系列标准相一致。

除条文列出的在公路工程中常用的土工合成材料典型品种外,还有土工包、土工纤维等土工合成材料。

土工包是以有纺土工织物缝制成的个体土袋、大直径长管袋或大体积包,用于充填散土、石,疏浚土或垃圾杂物等,利用其大体积和整体性特点,筑造堤坝、圈围人工岛、护岸防崩或形成建筑物的水下基础,在我国沿海地区得到越来越多的应用。

将连续的纤维丝或者有一定长度的短纤维丝采用机械、气压或水压等方式随机地掺入到土中,形成三维结构的加筋土体,可使土的整体性、强度得到明显增强，抗液化能力、抗冲性能等得到改善。目前，国际上纤维土的技术正在发展，如用于绿化停车场，公共绿地防止土壤板结和增加承载力，而且已应用于如挡土结构、路堤，以及路基的稳定结构等大型工程中，我国近年来也有单位对此开展了研究。

土工合成材料膨润土垫（GCL）是土工织物或土工膜间包有膨润土或其他低透水性材料，以针刺、缝接或化学剂黏结而成的一种隔水材料，主要用于以下场合：

（1）地形复杂，不能保证土工膜焊接质量良好；

（2）土工膜易受穿刺，要求防渗材自愈性强；

（3）预计地基有较大变形，要求防渗材适应性好；

（4）防渗材受气温影响较小；

（5）希望被防渗土料与地下水的交换不被绝对切断。

目前，土工合成材料膨润土垫（GCL）多应用水利、环保等工程，在公路工程中应用较少。

3.1.2　应根据工程设计与施工需要，对土工合成材料的物理性能、力学性能、水力学性能和耐久性能等性能指标进行检验。

土工合成材料主要性能指标如下。

（1）物理性能指标：单位面积质量、厚度、材料重度、孔径等。

（2）力学性能指标：条带拉伸、握持拉伸、撕裂、顶破、CBR 顶破、刺破、直剪摩擦、拉拔摩擦、蠕变等。

（3）水力学性能指标：垂直渗透系数、平面渗透系数、淤堵、防水性能等。

（4）耐久性能指标：抗紫外线能力、化学稳定性和生物稳定性等。

3.1.3　土工合成材料性能指标测试应按现行《公路工程土工合成材料试验规程》（JTG E50）等相关规范、规程的规定进行，并应考虑工程实际条件，分析荷载、加荷速率、使用时间、温度、岩土体性质等工程环境对指标测定值的影

响。对重要工程尚应进行现场试验。

某些土工合成材料，如土工织物，其厚度与所受上覆压力有关，因此，当需要考虑压力对厚度的影响时，应测试不同压力下的厚度，获得厚度与法向压力的关系。

3.1.4 土工合成材料运送过程中应有封盖，现场存放时应通风干燥，并远离火源，不得受日光照射和被雨水淋泡。

3.2 工程应用

3.2.1 土工合成材料可应用于公路路基、挡墙、路基防排水、路基防护、路基不均匀沉降防治、路面裂缝防治、特殊土和特殊路基处治、地基处理等工程中，可按表3.2.1的规定选择合适的土工合成材料。

土工合成材料的工程应用　　表3.2.1

应用场合	宜采用的土工合成材料
路基加筋	土工格栅、土工织物、土工格室
地基处理	排水带、土工格栅、无纺土工织物、土工格室、泡沫聚苯乙烯板块(EPS)
路基防排水	排水板、排水管、长丝热粘排水体、缠绕式排水管、透水软管、透水硬管、复合土工膜、无纺土工织物、土工织物膨润土垫
路基防护	三维土工网、平面土工网、土工格室、土工模袋、植生袋
路基不均匀沉降防治	土工格栅、土工织物、土工格室、泡沫聚苯乙烯板块(EPS)
防沙固沙	土工格室、土工织物、土工格栅
膨胀土路基处治	土工格栅、无纺土工织物、复合土工膜
盐渍土路基处治与构筑物表面防腐	复合土工膜、土工织物、土工格栅
路面裂缝防治	无纺土工织物、玻璃纤维格栅

3.2.2 土工织物可用于两种介质间的隔离、路基防排水、防沙固沙、构筑物表面防腐、路面裂缝防治等场合；高强度的土工织物可用于加筋。

一般情况下，土工织物强度较低，变形量也较大，主要功能是隔离，以使所隔离的两种介质不相互混杂，保持其特性，发挥好自身的功能。无纺土工织物具有较好的过滤功能，在挡墙墙背砂砾排水层与填土间、碎石渗沟周围等场合铺设无纺土工织物可起到很好的过滤作用。薄的且经过特殊处理的无纺土工织物可用于防治路面反射裂缝。

随着材料生产技术的进步，目前已有新的、强度较高的无纺或有纺织物出现，其强度可达80kN/m，由于具有柔性好、面积大、与土贴合紧密、施工方便(尤其反包工序等)的优点，可用于工程加筋。

无纺土工织物的原材料主要为丙纶和涤纶两大类，丙纶的耐酸、碱性能较好，但在紫外线辐射下易老化；涤纶耐酸不耐碱，在弱碱条件下即水解，在带碱性和不确定酸碱性的条件中应谨慎使用。

3.2.3 复合土工膜可用于路基防水、盐渍土隔离等场合。

单纯的土工膜厚度薄、强度低，易刺破损伤，在公路工程中较少采用。在公路路基防水、盐渍土隔离等场合多采用与土工织物复合的土工膜，如一布一膜或两布一膜等。

与无纺土工织物复合的土工膜防刺破损伤的效果较好，与有纺土工织物复合的土工膜强度较高，可根据具体工程情况和使用目的，选择合适的复合土工膜。

3.2.4 复合排水材料可用于地基处理和路基排水等场合。

1 排水带可用于插入软弱地基中进行固结排水。

2 排水板和长丝热粘排水体可用于路侧、路基内部、支挡结构墙后排水。

3 缠绕式排水管可用于路基内部排水。

4 透水软管可用于边坡仰斜排水，路基内部、支挡结构墙后排水。

5 透水硬管可用于路基内部、支挡结构墙后排水。

复合排水材料种类较多，公路工程中应用的复合排水材料主要有排水板

(带)、长丝热粘排水体、缠绕式排水管、透水软管、透水硬管等。

排水带(图3-1)是我国常用的排水材料,主要用于插入软弱地基中加速地基的固结排水,增强地基强度。

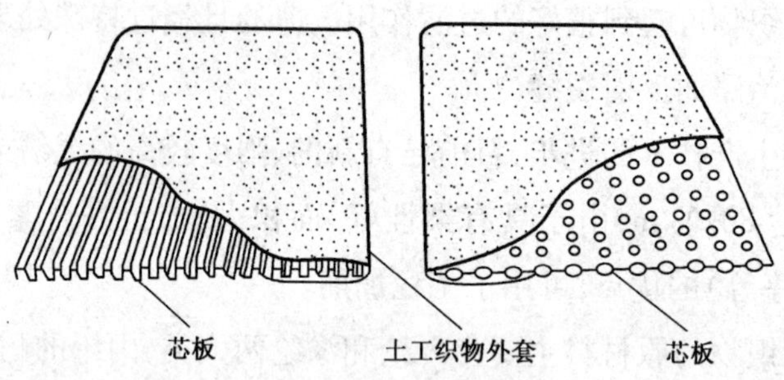

图3-1 排水带典型断面

排水板宽度可达50cm,主要用于路侧排水、支挡结构内部排水。不同芯材构成不同的排水板,其中,帽状芯材复合排水板(图3-2)比较典型,由高强度的帽状芯材外包土工织物滤布组成,芯材的抗压强度可达到300kPa以上,排水能力是同断面碎石渗沟的3倍,长丝热粘排水板的1.2倍,施工简便,在国外得到广泛应用。

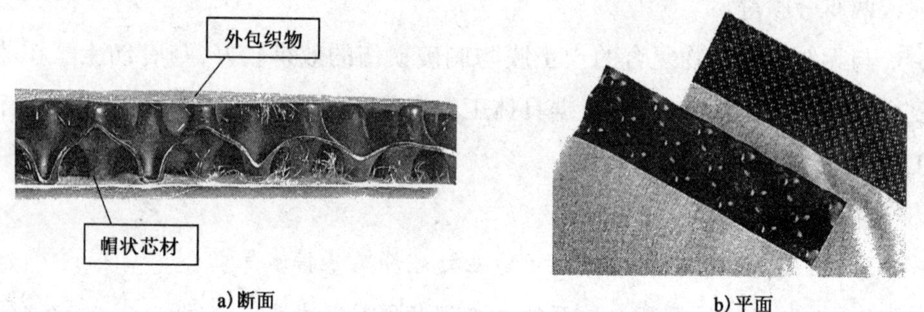

a)断面　b)平面

图3-2 帽状芯材复合排水板

长丝热粘排水体(图3-3)由高分子聚合物长丝热粘堆缠成不同形状的排水芯体,外包土工织物作滤材组成,即通常所称的速排龙或塑料盲沟,其强度较低,适应变形能力较差。

缠绕式排水管(图3-4)具有较高的环刚度,适应变形能力强,可形成各种

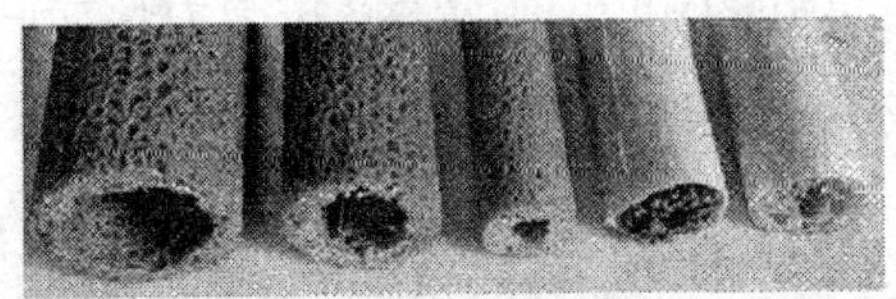

a)圆形断面长丝热粘排水体

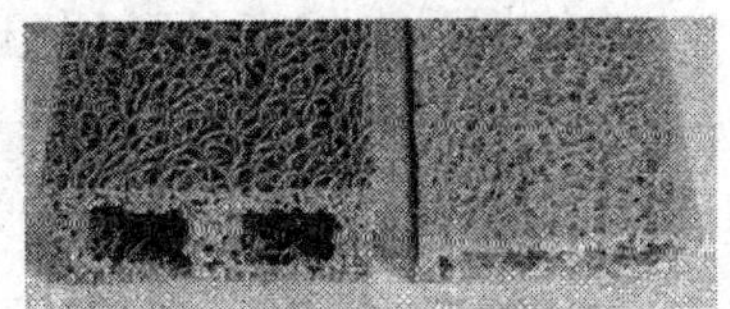

b)矩形断面长丝热粘排水体

图3-3 长丝热粘排水体

大小的口径，主要用于工程内部排水，在我国市政工程中已得到广泛应用。

透水软管(图3-5)一般以镀塑的弹簧钢丝或其他高强材料丝圈为骨架，外包土工织物形成，即通常所称的软式透水管，管径一般为30～150mm。其具有环刚度较高、适应能力强、易于安装的特点，主要用于路基边坡仰斜排水、路基支挡结构内部排水，以及与碎石渗沟联合使用增强渗沟排水能力。

图3-4 透水软管

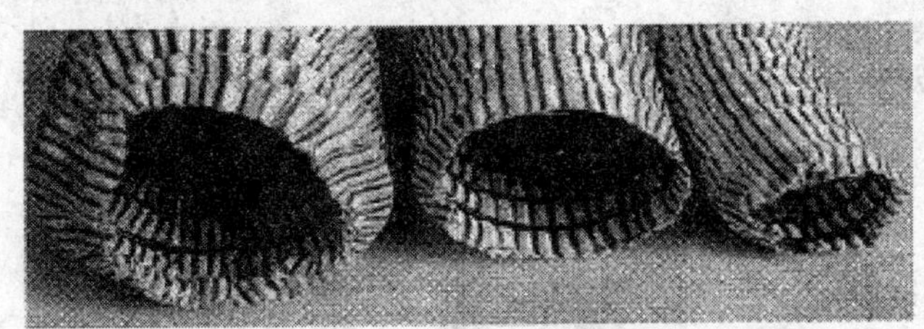

图3-5 缠绕式排水管

透水硬管以高分子聚合物或其他材料制成的多孔管材为排水芯体，外包土工织物作为滤材，组合成圆形排水体，目前在公路工程中应用不多。合成树脂多孔硬管如图3-6所示。

图3-6 合成树脂多孔硬管

3.2.5 土工格栅可用于路基加筋、路基不均匀沉降防治、特殊土路基处治、地基处理等场合。玻璃纤维格栅可用于路面裂缝防治。

土工格栅强度较高，且与岩土体有良好的相互作用特性，按受力性能一般分为单向、双向、三向格栅，按制造方法一般分为整体拉伸格栅、经编格栅、粘结与焊接格栅（图3-7）。

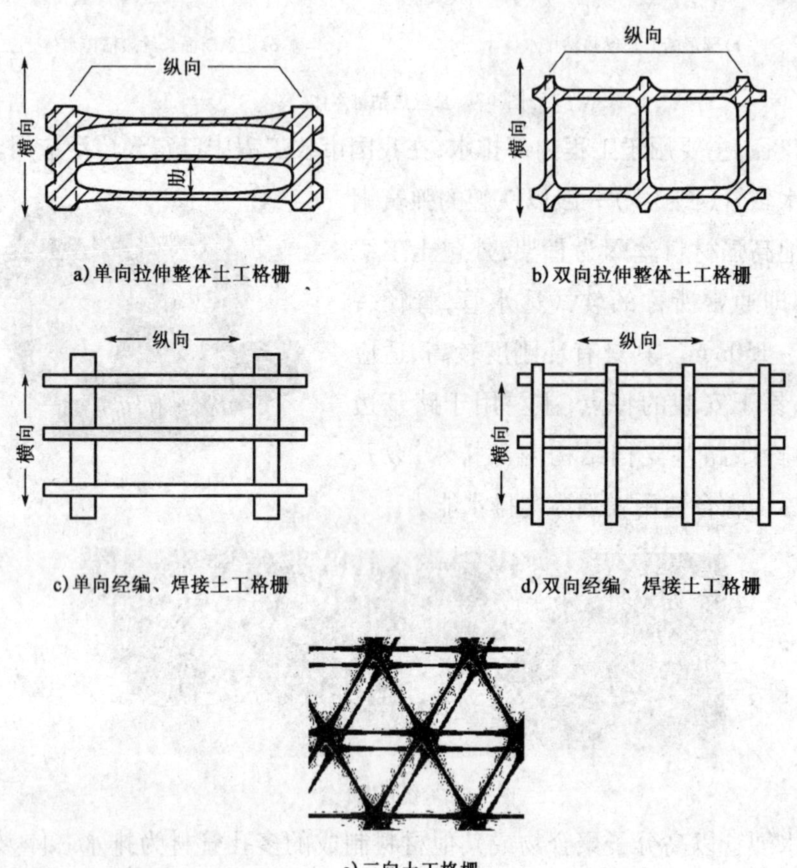

图3-7 土工格栅示意图

单向格栅纵向抗拉强度大，横向抗拉强度小，主要用于受力方向比较明确的加筋场合；双向格栅两个方向强度比较一致，主要用于需要考虑多方向受力或主受力方向不明确的场合，如纵横向填挖结合部加筋、考虑车辆荷载的加筋、桥台基础加筋等场合。近年来，国内有关企业开发出了三向土工格栅，使土工格栅各方向的特性更加一致，适用的场合也更广。

整体拉伸格栅为聚合物材料经过定向拉伸形成的平面网状材料;经编土工格栅为采用玻璃纤维、高强聚酯长丝等经过编织形成的平面网状材料;粘结、焊接土工格栅为合成材料条带或其复合材料(如钢塑复合)通过粘结、焊接形成的平面网状材料。

玻璃纤维格栅的主材是玻璃纤维,其强度高、极限应变小、耐高温,但易折断,主要用于沥青加铺层,防治和延缓路面反射裂缝。

3.2.6 土工带可用于有面板的加筋土挡墙。

3.2.7 土工格室可用于路基加筋、防沙固沙、路基防护等场合。

土工格室(图3-8)的高度一般为50~300mm,焊接距离一般为340~800mm。随着材料的发展,土工格室片材的强度得到进一步提高,增强型土工格室片材的断裂强度可达到300N/cm。在公路工程中,土工格室主要有两种用途:其一是在格室内回填岩土后形成具有一定厚度、整体性较好的复合垫层,用于软基等不良地基顶部,形成施工平台,也起到加筋作用,高强度的土工格室可用于路基内部加筋;其二是在格室内回填种植土,形成具有一定厚度、利于植物生长的种植层,用于路基边坡生态防护。

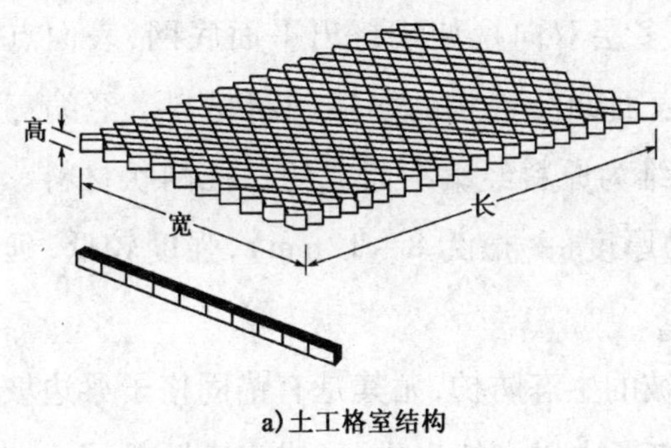

a)土工格室结构

b)展开的土工格室

图3-8 土工格室示意图

3.2.8　土工网和植生袋可用于边坡生态防护。

土工网(图3-9)主要用于路基边坡的生态防护,起保土作用,按制造方法一般分为挤出网、经编网,按形状一般分为平面网、三维网。

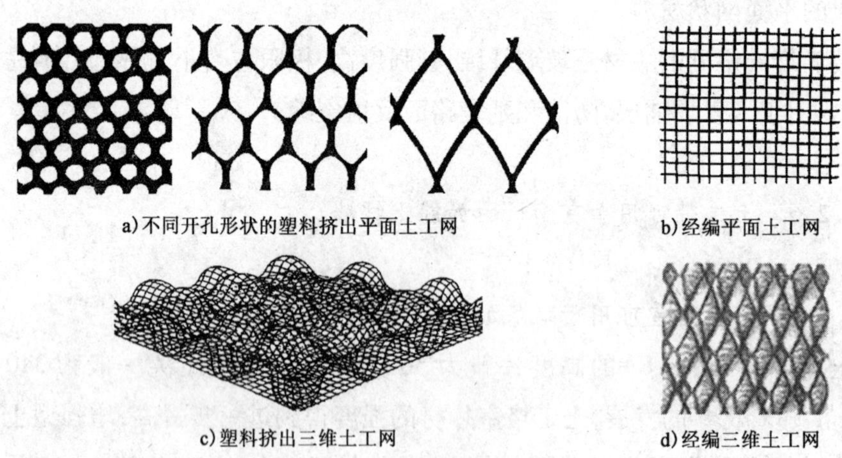

a)不同开孔形状的塑料挤出平面土工网　b)经编平面土工网

c)塑料挤出三维土工网　d)经编三维土工网

图3-9　土工网示意图

塑料平面土工网为以高密度聚乙烯(HDPE)或其他高分子聚合物为原料,经挤出成型的平面网状材料。经编平面土工网为采用玻璃纤维或高强聚酯长丝经编织机机制并经表面涂覆而成的平面网状材料。平面土工网虽然也是网状结构,但一般强度较低,延伸率较大,少用于加筋。

塑料三维土工网为由一层或多层双向拉伸或挤出平面底网,表面点焊一层或多层非拉伸挤出网,形成表面凹凸泡状的多层网状材料。经编三维土工网是以塑料长丝或可降解纤维为原料经编织而成的三维网状材料。三维土工网(土工网垫)具有一定的厚度(一般为8~12mm),强度较低,延伸率较大。

植生袋(图3-10)主要用于边坡的生态防护,尤其是有锚固格子梁边坡的生态防护。通过在格子梁形成的格子内码砌植生袋,形成生态防护层。植生袋种类较多,新的形式不断出现,一般分5层,最外及最内层为尼龙纤维网,次外层为加厚的无纺布,中层为植物种子、长效复合肥、生物菌肥等混合料,次内层为能在短期内自动分解的无纺棉纤维布。

图 3-10　植生袋

3.2.9　土工模袋可用于路基冲刷防护等场合。

在土工模袋中充填混凝土、水泥砂浆或砂形成的土工模袋(图 3-11)护面结构,适用于水下或岸边需要进行冲刷防护的场合,如沿河路基边坡、桥台锥坡,以及水下挡墙基础等。其特点是可以在水下施工,无须做围堰或断流,可按工程要求预制成不同大小和不同厚度各种几何形状,尤其适合于复杂起伏地形。

图 3-11　土工模袋

3.2.10　泡沫聚苯乙烯板块(EPS)可用于桥头或软基路段,以及需要减载的场合。

泡沫聚苯乙烯板块具有密度小、易于安装的特点，其密度一般为20～40kg/m^3，是一般压实填土密度的1/100～1/50。其适用于需要减载的场合，如替代路基填料，用于桥头、软基路段，以减轻路基，控制路基沉降。

3.3 材料选择

3.3.1 应根据实际工程的土质条件、酸碱度、使用状态，选择性能匹配的土工合成材料。

3.3.2 采用聚乙烯、聚丙烯(丙纶)材料制成的土工合成材料可用于酸、碱的化学环境中，不宜用于长期直接暴露于阳光的环境中。确需长时间在直接暴露于阳光下的环境中使用时，应选择添加了抗老化剂的品种。未掺加抗老化剂的品种，在阳光下暴露时间不应超过48h，紫外线强烈地区的暴露时间不应超过4h。

聚乙烯类土工合成材料包括聚乙烯土工膜、聚乙烯土工格栅、聚乙烯薄膜等，具有较强的化学稳定性和极好的耐低温特性。聚丙烯类土工合成材料包括聚丙烯土工布(也称丙纶土工布)、聚丙烯土工格栅等，具有较强的化学稳定性和耐酸碱特性。

国内外有关研究表明：聚丙烯材料浸泡在pH=12.3的氯化钙溶液、浸泡在pH=3.0的硫酸溶液中，强度分别降低约9.5%和12.2%。美国联邦公路局(FHWA)《加筋土挡墙与加筋土坡设计与施工指南》认为：聚烯烃产品，如聚丙烯(PP)和高密度聚乙烯(HDPE)常存在于矿渣和其他工业废渣及尾矿中，过渡金属(Fe、Cu、Mn、Co、Cr)会加快其氧化，推荐聚烯烃用于pH>3的环境中，聚烯烃土工合成材料的抗氧化特性主要由添加的抗氧化剂决定。表3-3为不同土体环境对两类聚合物的影响情况。

聚乙烯、聚丙烯类土工合成材料抗光老化性能较差，添加适量炭黑等抗老化剂，可提高其抗光老化(紫外线)性能。

不同土体环境对两类聚合物的影响　　表 3-3

土体环境	聚合物	
	聚乙烯	聚丙烯
酸性硫酸盐土	有影响	有影响
有机土	无影响	无影响
盐渍土,pH<9	无影响	无影响
石灰土	无影响	无影响
改性土/石灰,水泥	无影响	无影响
碱性土,pH>9	无影响	无影响
含过渡金属土体	有影响	有影响

注:对有影响的情况,应进行有关的试验。

3.3.3　采用聚酯类(涤纶)材料制成的土工合成材料可用于长时间暴露于阳光下的环境中,不宜用于酸、碱等化学环境中。与水泥、石灰类材料直接接触的环境,不宜采用聚酯类材料。

聚酯类土工合成材料包括聚酯土工布(也称涤纶土工布)、聚酯格栅等,具有较好的抗光老化性能,但化学稳定性较差,尤其是在碱性条件下易发生不可逆的水解反应,使材料性能下降甚至完全丧失。国内外有关研究表明:聚酯纤维浸泡在 pH=12.3 的氯化钙+0.03% $FeSO_4$ 溶液中,强度降低 25%;浸泡在 pH=10 的 $CaCO_3$ 溶液中,强度降低 10%。FHWA《加筋土挡墙与加筋土坡设计与施工指南》认为:聚酯产品(PET)易受水解作用,碱性条件或大量水分存在时会加快水解和纤维分解,聚酯(PET)材料仅推荐用于 3<pH<9 的环境中。因此,不适宜与水泥、石灰、盐碱地等碱性界面直接接触。

3.3.4　采用聚酰胺类(尼龙)材料制成的土工合成材料不宜在酸环境中使用。

聚酰胺材料也称尼龙,通常用于制作土工尼龙绳,具有极好的耐磨特性,但耐碱不耐酸,不适于在酸性环境中长期使用。

3.3.5 采用玻璃纤维制成的土工合成材料可用于高温和酸环境中，不宜用于与水泥、石灰直接接触的环境。

玻璃纤维类土工合成材料包括聚酯玻纤布、玻纤格栅等，具有较好的耐高温和抗变形特性，但耐磨性较差，耐酸不耐碱，不适宜在与水泥、石灰直接接触等碱性环境中长期使用。

4 路 基 加 筋

4.1 一 般 规 定

4.1.1 当路基稳定性不足、需要构筑陡坡以减少占地,以及对路堤边坡进行修复加固、道路加宽、增强重力式挡墙的稳定性时,可采用土工合成材料进行加筋。

土工合成材料应用于路基加筋,主要作用在于提高路基的稳定性,其主要应用场合如图4-1所示。当占地受到限制时,可对路堤进行加筋以构筑陡坡;当重力式挡墙稳定性不足时,可在墙后填料中加筋,增强挡墙的稳定性;当路堤边坡出现破坏需要修复时,也可采用土工合成材料进行加筋。

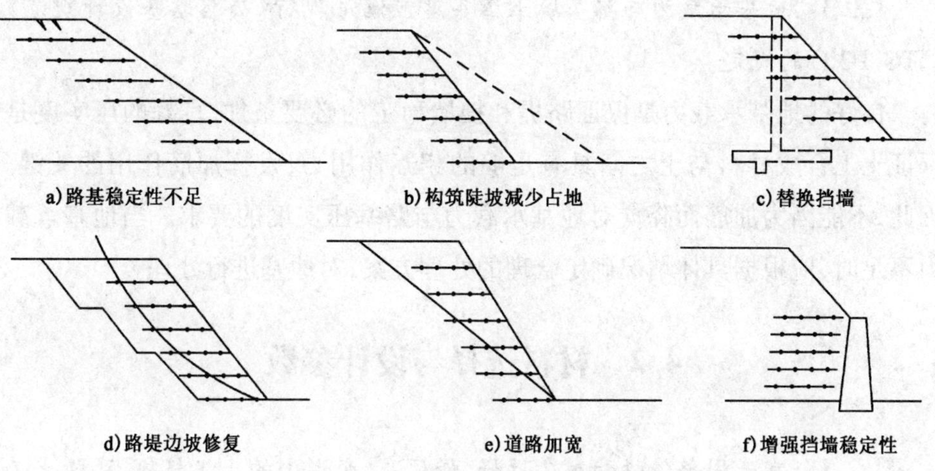

图4-1 加筋路堤的主要应用场合

重力式挡墙是公路常用的支挡结构。当受地形条件限制,挡墙断面尺寸受到限制而造成支挡能力不足,或条件发生变化造成已建挡墙支挡能力不足时,通过对墙后填土进行加筋,可增强挡墙的稳定性。

2004年度交通部西部交通建设科技项目“加筋土路基力学行为与设计方法的研究”对挡土墙墙后路基填土加筋进行了相关研究，并在天(津)汕(尾)高速公路粤境蕉岭广福至梅县城东K43+055～K43+095段路基衡重式挡土墙中进行了应用。2008年至2009年，本规范修订组又进一步对此开展了专题研究。通过理论解析，建立了考虑加筋作用的土压力计算方法；采用数值分析方法，分析了加筋材料特性及其铺设位置对土压力减少效果的影响；理论分析与工程实践证明，墙后填土加筋对减小墙背土压力有一定效果，故在本规范修订时增加这一研究成果。

4.1.2　应通过现场调查、地质勘察、室内外试验，获得相关基础资料，根据场地的地质与环境条件、填料特性、材料的耐久性、工程造价等因素，经技术经济比选，确定路基加筋方案。

4.1.3　地基承载力与路基填土压实度应满足现行《公路路基设计规范》(JTG D30)的规定。

良好的地基承载力是保证路堤和挡墙稳定的必要条件，良好的压实度是保证土工合成材料与土之间具有足够的相互作用力，发挥加筋作用的关键。因此，不能因为加筋而降低对地基承载力与路基压实度的要求。当地基承载力不足时，应根据具体情况确定合理的处理方案，对地基进行处理。

4.2　材料选择与设计参数

4.2.1　宜采用整体性和耐久性好、强度高、变形小的土工格栅、高强土工织物、土工格室等土工合成材料作为加筋材料。

强度、变形、整体性和耐久性是加筋材料选择考虑的主要因素。目前，对整体性和耐久性的认识比较一致，但对强度和变形要求存在不同的看法。

有人认为，路基加筋工程中加筋材料所受的力往往很小，远远小于其抗拉强度,因此,没有必要看重其抗拉强度。如杨广庆(2008、2009)对赣龙铁路上一高12.2m的反包式土工格栅加筋土挡墙的观测结果显示:加筋土上部土工格栅的应变为0.1%~0.97%,其对应的拉力占其极限强度的2.5%~12.5%;加筋土下部土工格栅的应变为0.16%~0.88%,其对应的拉力占土工格栅极限强度的3.8%~12.4%;对河北省某高速公路上4个5.5m高的土工格栅加筋面板式挡墙断面的现场试验实测结果也显示:土工格栅应变的最大值都不超过0.5%。Wu, J. T. H. 等建议在加筋土桥台设计中采用土工合成加筋材料1%拉应变对应的抗拉力和抗拉刚度作为设计指标。

强度高、变形小的土工合成材料,其模量往往高,这对控制加筋土工程的变形是有利的,但这并不意味着加筋材料强度越高越好,尚需根据计算分析结果,确定合适的强度。

大量的数值分析结果表明:土工合成材料模量对加筋工程的变形有重要影响。从土工合成材料实测的受力情况看,其应力水平不高,因此,普遍认为更应当关注土工合成材料在低应力水平段的模量。在我国工程设计中,有的采用了5%应变对应的强度作为加筋材料选择的指标之一。

从国外相关规范来看,对土工合成材料的模量并未提出要求。加筋材料模量越高,其分担的应力越大,其可能带来的蠕变越大。因此,是否应当考虑合成材料的模量,如何合理确定不同工程对模量的要求,值得深入研究。

用于加筋的土工合成材料主要有土工格栅、土工织物、土工格室。在美国,应用于土坡加筋的材料,70%是土工格栅,29%为土工织物,其他材料占1%。在我国,2000年前采用的加筋材料有土工格栅、土工织物和土工网;2000年后,主要采用的是土工格栅;近年来,土工格室也应用到路堤加筋,但由于其加筋机理、设计计算方法比较复杂,仍处于探索研究阶段,因此,本次规范修订时尚未纳入其相关内容。

从实际工程情况看,土工格栅是目前应用较多且比较理想的加筋材料。按制作方法,土工格栅一般分为整体拉伸土工格栅、经编土工格栅、粘结与焊接土工格栅。土工格栅主要借助网孔和土体的相互咬合作用与互锁作用,约束土体的变形与位移，起到加固作用。因此，土工格栅需具有良好的整体性。

肖建成(2004)采用美国 Drexel 大学提出的节点强度试验方法，测试获得的不同土工格栅节点强度结果(节点强度以单一肋条强度的百分比表示)见表 4-1。由此可见，整体拉伸格栅的整体性是较好的。

土工格栅节点强度测试结果 表 4-1

格栅类型	节点强度/单一肋条强度(%)
整体拉伸的双向土工格栅	90~100
节点为熔接的双向土工格栅	< 10
节点为编织的双向土工格栅	3~13

为确保比较大的机械咬合与互锁作用，格栅肋条的总面积应小于其开孔面积，开孔大小与填土粒径间有一个合理的匹配关系。邓卫东、邓昌中等通过对孔形为正方形，孔径分别为 5cm、10cm、15cm、20cm 的双向聚乙烯土工格栅与土的大型直接摩擦试验(剪切盒尺寸为 50cm×50cm)得出：孔径与黏聚力的关系不明显，但与内摩擦角的关系存在一定规律，存在一个最佳孔径。就试验的 4 种格栅孔径而言，孔径为 15cm 时，筋土界面的摩擦角最大。所试验的填料，其 d_{50} 为 7.5mm，当 d_{50} 与土工格栅孔径比值在 0.04~0.075 之间时，可以获得较大的内摩擦角，如图 4-2 所示。肖建成(2004)推荐的双向格栅网格尺寸为 3~5cm。在材料选择时，是否应当将格栅的开孔孔径作为材料选择的指标之一，需要进一步加强研究。

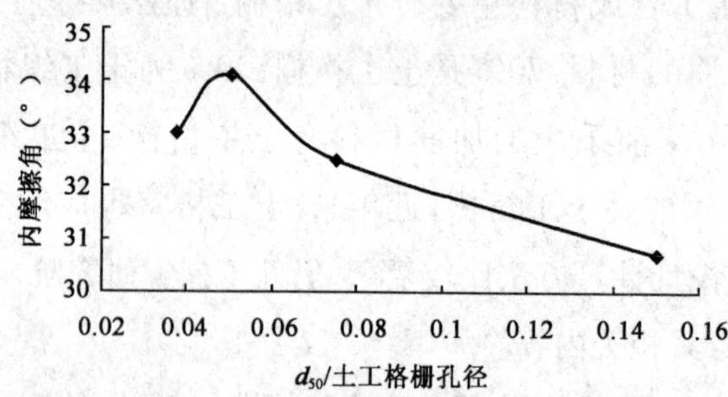

图 4-2 d_{50}/土工格栅孔径与内摩擦角的关系

4.2.2 用于路基加筋的土工合成材料,应按式(4.2.2)确定其设计计算抗拉强度 T_a。

$$T_a = \frac{T_{ult}}{RF} = \frac{T_{ult}}{RF_{CR} \cdot RF_D \cdot RF_{ID}} \tag{4.2.2}$$

式中:T_{ult}——加筋材料的极限抗拉强度,按现行《公路工程土工合成材料试验规程》(JTG E50)试验确定;

RF——总折减系数;

RF_{CR}——蠕变折减系数;

RF_D——考虑微生物、化学、热氧化等影响的老化折减系数;

RF_{ID}——施工损伤折减系数。

土工合成材料多为高分子聚合物材料,具有蠕变特性,应用于土木工程中,还会受到紫外线、生物或化学物质的影响,铺设碾压过程也会对其产生损伤,设计时需考虑这些不利影响。路基加筋工程中,对土工合成材料强度影响较大的是蠕变和施工损伤两个因素。《公路土工合成材料应用技术规范》(JTJ/T 019—98),采用了综合修正系数来笼统地考虑这些影响,一方面没有考虑不同加筋材料特性,另一方面与国外研究结果以及近年来我国的有关研究结果相比,总体上偏小。为此,本次规范修订,采用了条文所给的表达式来考虑强度影响因素,确定设计采用的强度。

4.2.3 应根据所选择的加筋材料、所处的环境条件、填料类型、加筋材料所处的应力水平等,进行有关试验,获得式(4.2.2)中各折减系数;无条件时,可根据具体工程情况,按表4.2.3-1和表4.2.3-2取值,所处工作环境对土工合成材料强度有较大影响时,取高值,反之取低值。总折减系数宜在2.0~5.0之间。

路基加筋工程土工合成材料蠕变与老化折减系数 表4.2.3-1

土工合成材料原材料	蠕变折减系数	老化折减系数
聚酯	1.5~2.5	1.1~2.0
聚丙烯	2.0~4.0	
高密度聚乙烯	1.5~3.5	

路基加筋工程土工合成材料施工损伤折减系数 表4.2.3-2

土工合成材料类型	细粒土	砂类土	砾类土
土工织物	1.1~1.2	1.1~1.6	1.2~2.0
土工格栅	1.1~1.2	1.1~1.4	1.2~1.6

注:表中土系按现行《公路土工试验规程》(JTG E40)进行的分类。

FHWA《加筋土挡墙与加筋土坡设计与施工指南》(2001)对加筋土坡的设计寿命规定:通常情况下,对永久结构,不少于75年,临时结构为3年或更少。对特别重要的结构,如用于桥台、建筑、重要设施等,可考虑100年。我国对路基的设计寿命,目前还没有明确的规定,可根据具体工程的重要性考虑加筋路堤的设计寿命。

其推荐的土工合成材料抗拉强度折减系数见表4-2~表4-4。同时指出:如无严重危害发生时,对永久性工程的初步设计,可取总折减系数RF=7.0;对临时结构工程,可取总折减系数RF=3.0。通常情况下,考虑蠕变、铺设损伤、老化的总折减系数在3~6之间。

FHWA推荐的土工合成材料抗拉强度折减系数 表4-2

土工合成材料类型	折减系数		
	蠕变折减系数	老化折减系数	施工损伤折减系数
聚酯	1.6~2.5	1.1~2.0	1.05~3.0
聚丙烯	4.0~5.0		
高密度聚乙烯	2.6~5.0		

FHWA推荐的施工损伤强度折减系数 表4-3

土工合成材料类别	Ⅰ类填料,最大粒径102mm,d_{50}约为30mm	Ⅱ类填料,最大粒径20mm,d_{50}约为0.7mm
HDPE单向土工格栅	1.20~1.45	1.10~1.20
PP双向土工格栅	1.20~1.45	1.10~1.20
PVC涂面PET土工格栅	1.30~1.85	1.10~1.30
丙烯涂面PET土工格栅	1.30~2.05	1.20~1.40
PP和PET有纺土工织物	1.40~2.20	1.10~1.40
PP和PET无纺土工织物	1.40~2.50	1.10~1.40
薄膜有纺PP土工织物	1.60~3.00	1.10~2.00

FHWA 推荐的设计年限为100年的聚酯

(PET)材料老化折减系数 表4-4

土工合成材料	老化折减系数 RF_D	
	5≤PH≤8	3≤PH≤5　8≤PH≤9
土工织物,Mn<20000,40<CEG<50	1.6	2.0
聚酯涂面的土工格栅和土工织物,平均分子量 Mn>25000,碳酰基 CEG<30	1.15	1.3

FHWA1993年出版的《坚硬地基上加筋土坡设计与材料供应指南》提出的折减系数见表4-5。

FHWA 建议的强度折减系数取值 表4-5

<table>
<tr><th>折减系数</th><th>施工损伤 FS_{ID}</th><th>蠕变 FS_{CR}</th><th>化学损害 FS_{CD}</th><th>生物损害 FS_{BD}</th><th>连接 FS_{JNT}</th></tr>
<tr><td rowspan="2">数值</td><td rowspan="2">3.0,最小取1.05</td><td rowspan="2">5.0</td><td>2.0</td><td>1.3</td><td rowspan="2">2.0</td></tr>
<tr><td colspan="2">综合考虑不应小于1.1</td></tr>
</table>

Robert M,Koerner(1998)建议,主要用于加筋目的时,土工格栅和土工织物的各项折减系数值见表4-6。

Robert M,Koerner 推荐的各项强度折减系数 表4-6

材料类型	应用场合	施工损伤 RF_{ID}	蠕变 RF_{CR}	化学损害 RF_{CD}	生物损害 RF_{BD}
土工格栅	路堤	1.1~1.4	2.0~3.0	1.1~1.4	1.0~1.2
	边坡	1.1~1.4	2.0~3.0	1.1~1.4	1.0~1.2
	挡墙	1.1~1.4	2.0~3.0	1.1~1.4	1.0~1.2
	地基承载	1.2~1.5	2.0~3.0	1.1~1.6	1.0~1.2
土工织物	挡墙	1.1~2.0	2.0~4.0	1.0~1.5	1.0~1.3
	地基承载	1.1~2.0	2.0~4.0	1.0~1.5	1.0~1.3
	边坡	1.1~1.5	2.0~3.0	1.0~1.5	1.0~1.3

由这些推荐的折减系数看,不同工程应用条件,折减系数不同,各方推荐值也存在较大差异。在同类工程应用场合,各家所推荐的系数均普遍反映出土工织物的施工损伤系数大于土工格栅。

邓卫东、唐颂(2005)通过对不同填料和不同土工合成材料的室内模拟碾压试验和现场碾压试验,就我国常用的聚乙烯和聚丙烯土工格栅的施工损伤折减系数进行了研究，给出表4-7所示的施工损伤折减系数推荐值。

土工合成材料施工损伤强度折减系数推荐值　　表4-7

应用场合	土工合成材料类型	细粒土	砂类土	砾类土	漂石质土	漂石夹土
加筋工程	土工织物	1.1～1.2	1.1～1.6	1.2～2.0	1.3～2.5	1.5～3.0
	土工格栅	1.1～1.2	1.1～1.4	1.2～1.6	1.3～2.0	1.5～2.2
路面工程	无纺土工织物（$<200g/cm^2$）	1.5～2.0				
	玻璃纤维格栅	1.1～1.5				

注：有10cm厚细料保护时，按细粒料情况取值。

条文未给出大粒径填料如漂石质土、漂石夹土条件下的施工损伤折减系数，是考虑到在这种填料下不加保护就直接铺设土工合成材料是不可取的，需要设置细粒料保护层，此时，损伤系数按细粒料情况取值。

对铺设损伤折减系数 RF_{ID}，有了基本一致的认识，与FHWA推荐的数值大体一致，但对上述蠕变折减系数 RF_{CR}，却有不同看法。

其一是认为采用表4-2的取值过高，其理由是土工合成材料在加筋工程中的应力水平并不大，且受土侧限的影响，不能采用室内无侧限试验的结果去推断蠕变强度。

其二是认为采用表4-2的取值合适，其理由是大量的加筋土挡墙或多或少地出现了鼓肚现象，说明蠕变在加筋工程中不可忽视，应当加强对蠕变的控制。

蠕变折减系数取值与材料有关，也与土工合成材料的受力有关。图4-3和图4-4分别为在广东天汕高速公路半填半挖加筋路基与重庆忠垫高速公路软弱地基加筋路基等段落上，对加筋材料应变一年多的观测结果。从实测情况看，土工合成材料的应变大致处于0.1%～2.5%，总体上处于较低水平。如何结合实际受力状态和材料基本性质，合理确定蠕变折减系数，值得深入研究。

条文所给出的折减系数是根据相关研究结果，并考虑到实际工程中加筋材料所处的应力水平并不高的情况综合确定的。

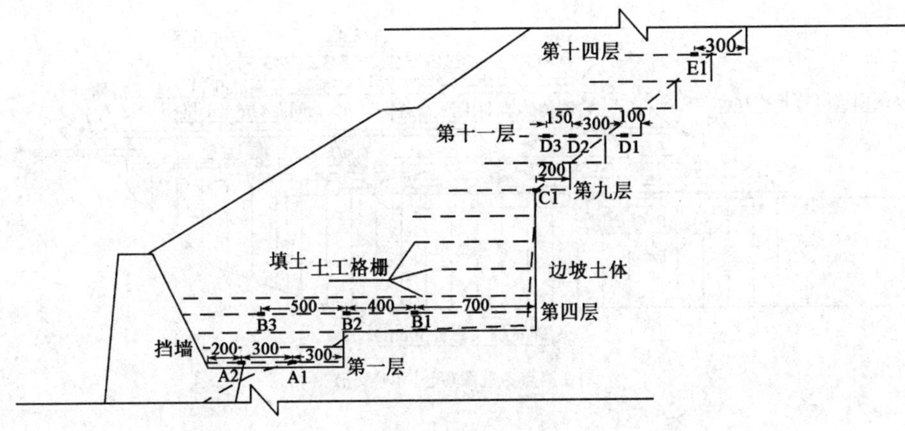

a)位移计布置示意图(尺寸单位:cm)

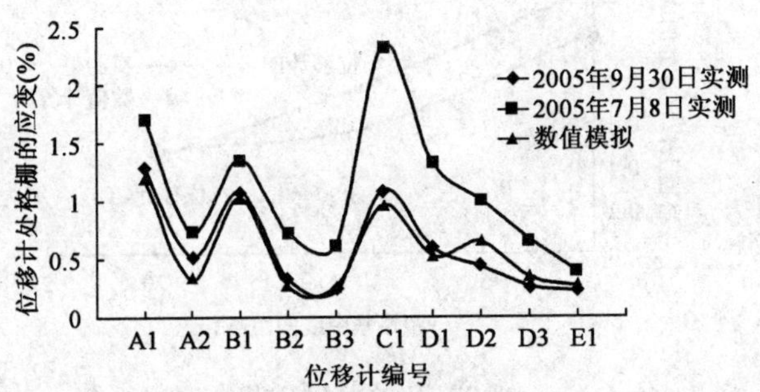

b)位移计处格栅的应变大小

图4-3 广东天汕高速公路观测断面及结果

4.2.4 填料应满足现行《公路路基设计规范》(JTG D30)的要求,不应对筋材产生腐蚀作用,应选择易于压实、能与土工合成材料产生良好摩擦与咬合作用的填料;墙后填料应有良好的水稳定性,宜采用砾石土、碎石土。

大部分满足路基填筑要求的填料均可用于加筋路堤。为增强加筋效果,宜选择易于压实、能与土工合成材料产生良好摩擦与咬合作用的填料,并应充分考虑填料对土工合成材料施工损伤的影响。与加筋材料接触的填料,应控制其粒径,一般情况下最大粒径不应超过15cm,超过6cm粒径的含量应控制在30%以内,以减少对加筋材料的损伤。

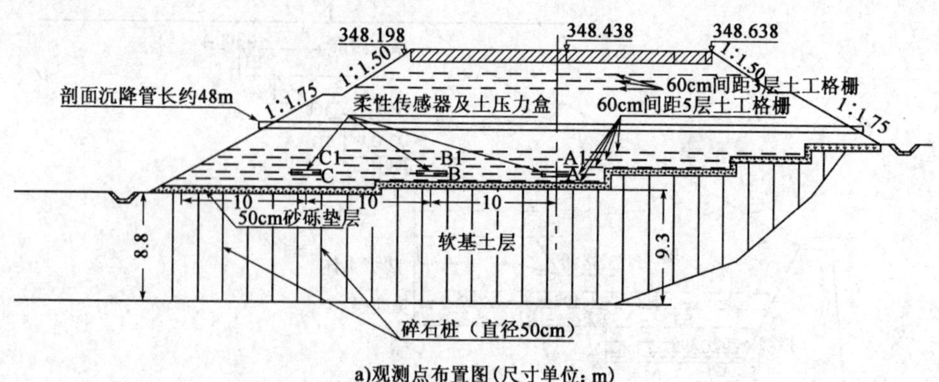

a)观测点布置图(尺寸单位：m)

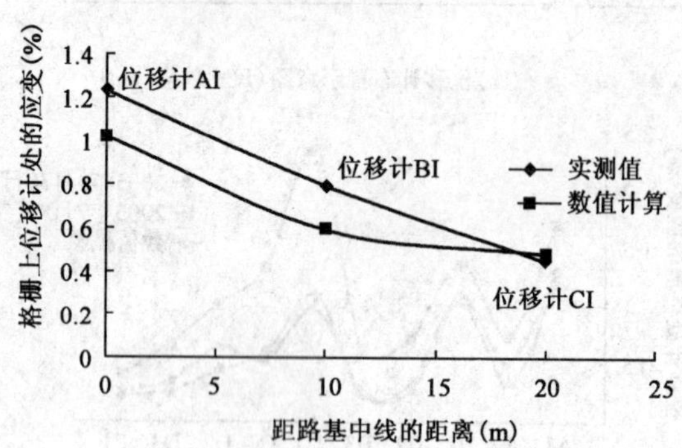

b)第2层土工格栅不同位置的应变曲线

图4-4 重庆忠垫高速公路观测断面及结果

FHWA《加筋土挡墙与加筋土坡设计与施工指南》(2001)要求填料为低塑性、粒料，即 $I_p \leqslant 20$(AASHTO T—90)且小于0.075mm的颗粒含量小于50%。为有助于压实和获得高质量工程，推荐的填料级配见表4-8。

FHWA 推荐的填料级配 表4-8

筛眼孔径(mm)	20	4.76	0.425	0.075
通过率(%)	100	100~20	0~60	0~50

4.2.5 应根据填料来源，选择有代表性的土样进行室内试验，并结合现场情况确定填料参数。填料及地基抗剪强度参数 c、φ 值试验方法，应符合现行《公路路基设计规范》(JTG D30)相关规定。

4.2.6 加筋材料与土接触的界面阻力系数 f_{GS}，对高速公路、一级公路、二级公路，应采用《公路工程土工合成材料试验规程》（JTG E50）规定的拉拔试验或直接摩擦特性方法，按筋土界面实际条件试验确定；其他等级公路，或高速公路、一级公路、二级公路的初步设计，可按式（4.2.6）确定。

$$
\begin{aligned}
&\text{土工织物} \quad f_{GS} = \frac{2}{3}\tan\varphi_s \\
&\text{土工格栅} \quad f_{GS} = 0.9\tan\varphi_s
\end{aligned}
\tag{4.2.6}
$$

式中：φ_s——与加筋材料接触的土内摩擦角（°）。

《公路土工合成材料应用技术规范》（JTJ/T 019—98）中，采用了界面摩擦系数的概念。本次规范修订时认为，采用这一概念难以合理描述土工合成材料与土之间的摩擦与咬合作用，故采用阻力系数代替摩擦系数。

对土工合成材料与土接触的界面特性参数，国内外进行过大量的试验研究。试验方法主要有直接摩擦试验和拉拔试验两类。在表述界面特性参数的方式上，仍主要采用莫尔—库仑强度准则的方法，即采用 c、φ 两个强度参数，主要考虑的是参数 φ。

直接摩擦试验和拉拔试验方法不同，得出的结果也不同。在加筋路堤的计算分析中，采用界面参数主要是校核锚固稳定性，或确定土工合成材料的锚固长度，因此，宜优先考虑采用拉拔试验确定界面特性参数。但由于拉拔试验复杂，且试验结果稳定性较直接摩擦试验差，故也推荐采用直接摩擦试验。

FHWA《加筋土挡墙与加筋土坡设计与施工指南》（2001）推荐采用拉拔试验确定界面阻力系数 f_{GS}，资料缺乏时，可取 $f_{GS} = 2/3\tan\varphi_s$（$\varphi_s$ 为土的内摩擦角）。同时指出：对黏性土，需校核长期和短期的锚固稳定性。

邓卫东、邓昌中等（2007）通过对单向土工格栅与土的大型直接摩擦试验得出：①填土压实度对土体和筋土界面强度有较大的影响。填土压实度从90%提高到93%，筋土界面摩擦系数比 K（$K = \tan\varphi_{GS}/\tan\varphi_s$，$\varphi_{GS}$ 为界面摩擦角、φ_s 填土内摩擦角)由 0.833 提高到 0.951。②筋土界面摩擦系数均随填土含水率的增加而降低。填土为最佳含水率时(7.23%),筋土界面摩擦系数比 K 为 0.939;当含水率增加到 12% 时(接近饱和),摩擦系数比 K 降到了 0.510。

施有志、马时冬(2003)采用直剪摩擦试验和拉拔试验对塑料拉伸单向土工格栅、涤纶纤维经编土工格栅和裂膜丝编织土工布的界面特性参数进行了测试,得到表 4-9 所示的结果。由此结果可以看出:加筋材料与填料的摩擦系数比一般小于1,在同样的填料中,经编土工格栅的界面摩擦系数最大,单向土工格栅次之,丝编织土工布最小。

界面摩擦系数比试验结果　　表 4-9

填　料	筋材类型	摩擦系数比 K	
		直剪摩擦试验	拉拔试验
砂砾石($\varphi=35°$)	单向土工格栅	0.84	0.96
	经编土工格栅	0.94	1.09
	丝编织土工布	0.69	0.57
粗砂($\varphi=31°$)	单向土工格栅	0.89	0.89
	经编土工格栅	0.95	1.05
	丝编织土工布	0.84	1.00
残积土($\varphi=29°$)	单向土工格栅	0.95	0.98
	经编土工格栅	0.96	1.11
	丝编织土工布	0.93	0.93

拉拔试验综合反映了筋材与填料间的摩擦力、咬合力及嵌固力,测得的界面摩擦系数比直接摩擦试验大。《公路土工合成材料应用技术规范》(JTJ/T 019—98)对土工织物的摩擦系数比取 0.667,对土工格栅取 0.9。综合国内外有关试验结果,认为该取值是合适的,故做出了条文的规定。

4.3 结构形式

4.3.1　应根据工程具体情况,遵循技术可行、经济合理、施工方便的原则,经综合比较,确定结构形式。路堤加筋,可采用如图 4.3.1-1 所示的结构路基坡面易受到降雨径流的冲蚀,造成坡面破坏,影响路基的长期稳定性。另外,反包形式的加筋路堤坡面,土工合成材料长期暴露在外,易受紫外线的影响而老化。因此,应重视加筋路堤的坡面防护。

坡面防护形式取决于填料类型、坡率和加筋层间距。FHWA《加筋土挡墙与加筋土坡设计与施工指南》(2001)针对不同的土类和坡率,推荐了表4-10所示的坡面防护措施。

就我国的情况看,路堤填料一般是就地取材,多为土石混合料或黏土,对缓于1:1的边坡,植被防护多采用直接喷播绿化或喷护有机材绿化,对陡于1:1的边坡多采用喷护有机材绿化,单纯的工程防护一般很少应用到路堤边坡。石笼兼具工程防护与植物防护的优点,近年来得到越来越多的应用。表4.3.5、图4.3.5-1、图4.3.5-2为我国加筋路堤常用的坡面防护形式。

FHWA推荐的加筋土坡坡面防护措施 表4-10

坡角与土类	防护形式			
	坡面不采用土工合成材料包裹		坡面采用土工合成材料包裹	
	植被防护	工程防护	植被防护	工程防护
>50° 任何土类	不推荐	石笼	草皮、含种子的永久性冲蚀防护垫	喷射混凝土
35°~50° 洁净的砂和卵石	不推荐	石笼、水泥土	草皮、含种子的永久性冲蚀防护垫	喷射混凝土
35°~50° 粉土和砂性粉土	生物加筋、排水、复合材料	石笼、水泥土、石块铺砌	草皮、含种子的永久性冲蚀防护垫	喷射混凝土
35°~50° 粉砂、黏土砂、良好级配砂和砾石	含种子或草皮的临时性冲蚀防护垫、永久性冲蚀防护垫	不推荐	不需包裹	不需包裹
25°~35° 所有土类	含种子或草皮的临时性冲蚀防护垫、永久性冲蚀防护垫	不推荐	不需包裹	不需包裹

植被防护应选择适应当地气候条件、根系发达、易于维护的本土植物,宜草灌结合,构筑多样性的生态环境。

4.4 设计计算

4.4.1 加筋路堤的设计应考虑内部稳定破坏与外部稳定破坏两种模式。外部稳定破坏包括平面滑动破坏、深层滑动破坏、局部承载破坏(侧向挤出破坏)、过量沉降四种形式,如图4.4.1所示。

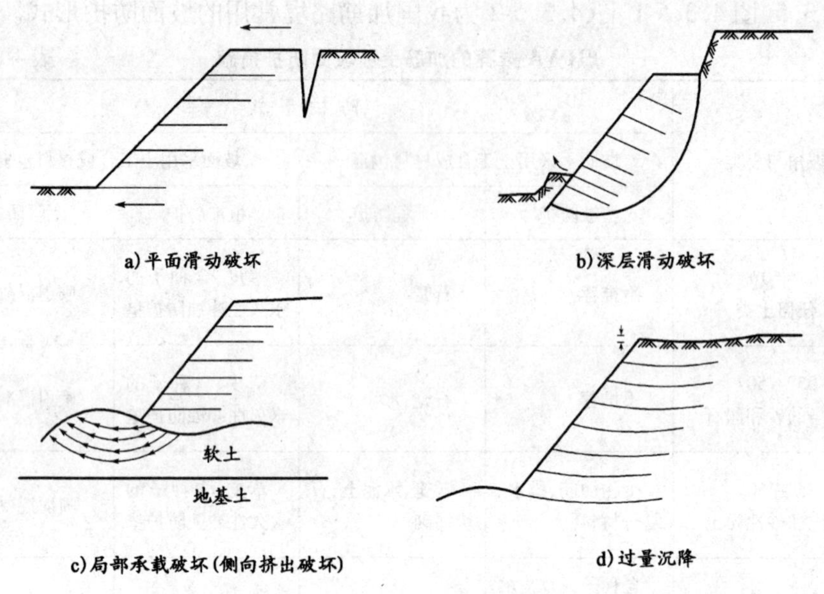

图4.4.1 加筋路堤外部破坏形式

通常将加筋路堤的破坏划分为内部稳定破坏、外部稳定破坏和复合稳定破坏三种类型。内部稳定破坏指滑动面穿过加筋体,外部稳定破坏指滑动面位于加筋体范围外,复合稳定破坏主要指滑动面同时穿过加筋体和加筋体外。考虑到复合稳定破坏模式计算方法与仅穿过加筋体的内部稳定破坏是一致形式;重力式挡墙墙后加筋,宜采用图4.3.1-2所示的全断面加筋结构形式。

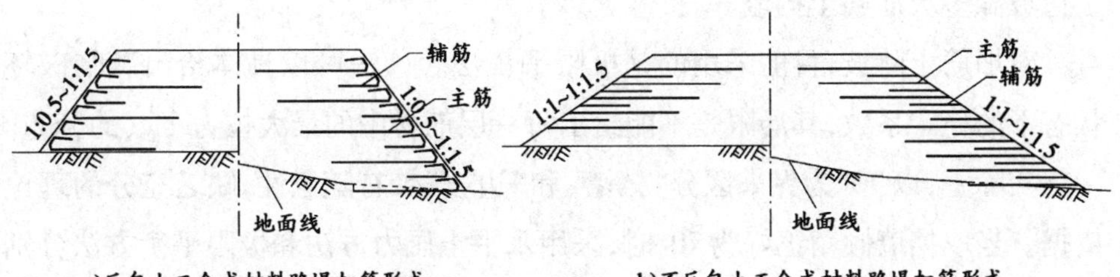

a)反包土工合成材料路堤加筋形式　　b)不反包土工合成材料路堤加筋形式

图4.3.1-1　路堤加筋结构形式

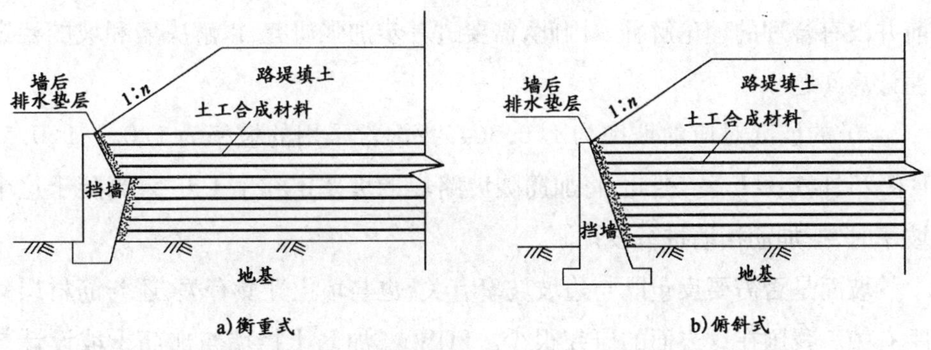

a)衡重式　　b)俯斜式

图4.3.1-2　重力式挡墙墙后加筋结构形式

1　加筋路堤的坡率不应陡于1:0.5。当路堤边坡坡率陡于1:1时,应采用反包土工合成材料的形式;当坡率为1:1~1:1.5时,宜采用反包的形式;当坡率缓于1:1.5时,可采用不反包的形式。

2　陡斜坡上的加筋路堤,当路堤边坡坡率采用正常坡率1:1.5~1:2.0时,筋材宜布置在路堤中下部。

路基加筋的结构形式应根据具体情况确定,条文给出了目前工程中常用的形式。

目前的一般认识是,对加筋土结构以倾角70°为界,大于70°时视为挡墙,小于70°时视为边坡,并采用不同的稳定性分析方法。

对加筋土挡墙,目前采用的方法是水平土压力方法。但即使是形状较为简单的加筋土挡墙,该法也不符合朗肯水平土压力理论的适用条件(筋材的存在改变了土体中主应力的方向)，而且水平土压力方法也不能推广应用到加筋土边坡和多级加筋土挡墙。

对加筋土陡坡，目前采用的是极限平衡法。该法可以具体给出濒临破坏状态下的稳定系数，其局限是不能给出每一层筋材中的最大拉力 T_{max}的分布。

实际上，以70°为界来区分“挡墙”和“边坡”带有随意性，缺乏充分的理论依据。当取挡墙倾角正好为70°时，采用水平土压力方法和极限平衡方法分别计算，得到的最大拉力 T_{max}值有很大的差别。有关研究表明：加筋土挡墙所需要的最大筋材拉力比加筋土边坡所需要的最大筋材拉力要大得多，但对此目前并没有合理的理论解释。因此，需要进一步加强研究，以解决墙和坡的稳定性计算问题。

70°的坡度对应的坡率为1∶0.364，我国常采用的坡率为1∶0.3、1∶0.5、1∶0.75、1∶1、1∶1.5。据此，将加筋陡坡路堤的坡率定在了1∶0.5，当陡于这个坡率时，按加筋挡墙进行设计。

坡面是否需要反包既与边坡坡率有关，也与填土性质有关，还与筋材层间距有关。我国在这方面的研究很少。FHWA《加筋土挡墙与加筋土坡设计与施工指南》(2001)规定：一般情况下，当筋材层间距小于40cm、坡率缓于1∶1时，坡面可采用不反包形式。

邓卫东、邓昌中(2005)就筋材铺设于墙后填土上部、中部、下部，以及全断面铺设对土压力的影响进行了数值分析研究，结果表明：无论是衡重式挡墙还是俯斜式挡墙，加筋位置对土压力总体影响不大，而沿墙高全断面铺设效果最好。因此，条文推荐采用全断面铺设形式。

4.3.2　加筋材料的竖向层间距，不宜小于一层填土最小压实厚度。对加筋路堤，层间距不宜大于80cm；当受力主筋层间距大于80cm时，应设置辅筋，辅筋层间距不宜大于40cm，长度不应小于2.0m。对墙后加筋，层间距不宜大于100cm。

加筋路基是靠多层加筋而发挥整体作用的，因此，无论加筋材料的抗拉强度多大,都要求有足够的加筋层数形成加筋体。对加筋路堤,当加筋层间距大于80cm后,筋层间的土体由于坡率较陡,会出现局部坍塌,进而影响加筋体长期稳定性。为此,要求加设辅筋,FHWA《加筋土挡墙与加筋土坡设计与施工指南》(2001)推荐的辅筋长度为1.2~2.0m。

4.3.3 应加强加筋体内部与表面的排水,排水设施的结构形式与尺寸、铺设范围与位置应根据场地水的情况确定。墙后加筋,加筋土体后及墙背应设置排水层(图4.3.3),加筋材料不应伸入排水层,不得破坏排水系统的连续性。

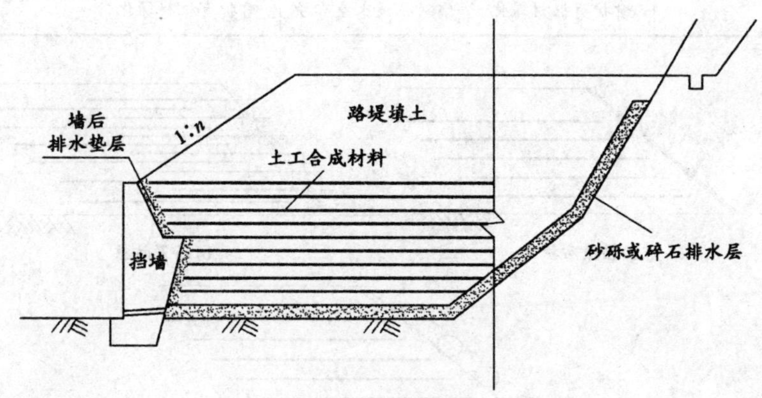

图4.3.3 墙后加筋内部排水层设置示意图

与一般路基一样,应特别注意水对加筋路基的影响。水进入加筋路基后,会降低加筋材料与填料间的界面强度,从而影响加筋效果,尤其是山区陡斜坡上的加筋路堤、墙后加筋,更应采取有效的内部排水设施,如渗沟等,排除地下水的影响。

4.3.4 加筋材料不宜直接设置于原地基表面,宜设置30~50cm的砂垫层或其他透水性较好的均质填料,再铺设加筋材料。

为减少地下水对路基的影响,并避免土工合成材料受不良化学物质的侵蚀,做出了条文的规定。

4.3.5　宜采取植物防护为主、工程防护为辅的防护措施对加筋路堤坡面进行防护。坡面防护的材料、结构应符合现行《公路路基设计规范》(JTG D30)的有关规定。可按表4.3.5选择坡面防护形式，坡面防护结构可按图4.3.5-1、图4.3.5-2进行设计。

加筋路堤坡面防护形式　　表4.3.5

坡　率	防护形式			
	土工合成材料不反包		土工合成材料反包	
	植被防护	工程防护	植被防护	工程防护
陡于或等于1:1	—	—	喷护有机材绿化	石笼
缓于1:1	直接喷播绿化、喷护有机材绿化	石笼、石块铺砌、预制混凝土空心块	直接喷播绿化、喷护有机材绿化	不推荐

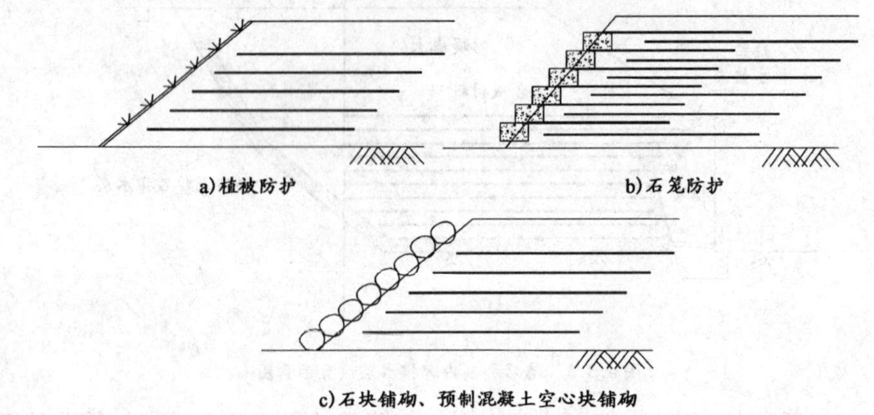

a)植被防护　b)石笼防护

c)石块铺砌、预制混凝土空心块铺砌

图4.3.5-1　不反包时加筋路堤坡面防护形式

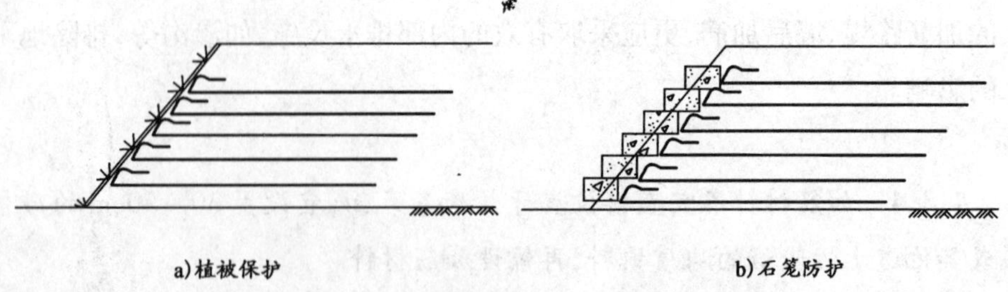

a)植被保护　b)石笼防护

图4.3.5-2　反包时加筋路堤坡面防护形式

路基坡面易受到降雨径流的冲蚀,造成坡面破坏,影响路基的长期稳定性。另外,反包形式的加筋路堤坡面,土工合成材料长期暴露在外,易受紫外线的影响而老化。因此,应重视加筋路堤的坡面防护。

坡面防护形式取决于填料类型、坡率和加筋层间距。FHWA《加筋土挡墙与加筋土坡设计与施工指南》(2001)针对不同的土类和坡率,推荐了表4-10所示的坡面防护措施。

就我国的情况看,路堤填料一般是就地取材,多为土石混合料或黏土,对缓于1:1的边坡,植被防护多采用直接喷播绿化或喷护有机材绿化,对陡于1:1的边坡多采用喷护有机材绿化,单纯的工程防护一般很少应用到路堤边坡。石笼兼具工程防护与植物防护的优点,近年来得到越来越多的应用。表4.3.5、图4.3.5-1、图4.3.5-2为我国加筋路堤常用的坡面防护形式。

FHWA推荐的加筋土坡坡面防护措施 表4-10

坡角与土类	防护形式			
	坡面不采用土工合成材料包裹		坡面采用土工合成材料包裹	
	植被防护	工程防护	植被防护	工程防护
>50° 任何土类	不推荐	石笼	草皮、含种子的永久性冲蚀防护垫	喷射混凝土
35°~50° 洁净的砂和卵石	不推荐	石笼、水泥土	草皮、含种子的永久性冲蚀防护垫	喷射混凝土
35°~50° 粉土和砂性粉土	生物加筋、排水、复合材料	石笼、水泥土、石块铺砌	草皮、含种子的永久性冲蚀防护垫	喷射混凝土
35°~50° 粉砂、黏土砂、良好级配砂和砾石	含种子或草皮的临时性冲蚀防护垫、永久性冲蚀防护垫	不推荐	不需包裹	不需包裹
25°~35° 所有土类	含种子或草皮的临时性冲蚀防护垫、永久性冲蚀防护垫	不推荐	不需包裹	不需包裹

植被防护应选择适应当地气候条件、根系发达、易于维护的本土植物，宜草灌结合，构筑多样性的生态环境。

4.4 设 计 计 算

4.4.1 加筋路堤的设计应考虑内部稳定破坏与外部稳定破坏两种模式。外部稳定破坏包括平面滑动破坏、深层滑动破坏、局部承载破坏（侧向挤出破坏）、过量沉降四种形式，如图 4.4.1 所示。

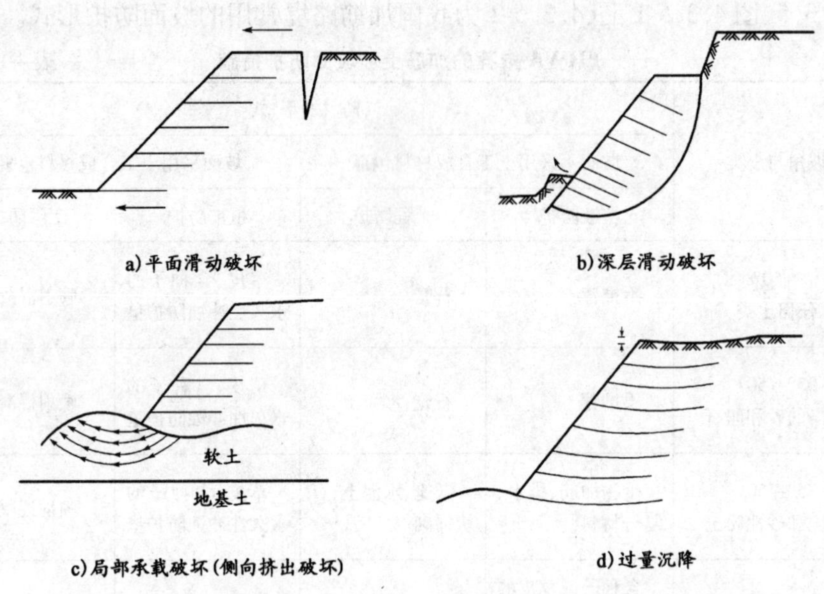

图 4.4.1 加筋路堤外部破坏形式

通常将加筋路堤的破坏划分为内部稳定破坏、外部稳定破坏和复合稳定破坏三种类型。内部稳定破坏指滑动面穿过加筋体，外部稳定破坏指滑动面位于加筋体范围外，复合稳定破坏主要指滑动面同时穿过加筋体和加筋体外。考虑到复合稳定破坏模式计算方法与仅穿过加筋体的内部稳定破坏是一致的，故本规范将加筋路堤的破坏划分为外部稳定破坏和内部稳定破坏两种模式。当加筋长度不足时，易出现深层滑动破坏、平面滑动破坏；当筋材强度不足时，易出现内部稳定破坏；当地基承载力不足时，易出现局部承载破坏（侧向挤出）和过量沉降。

4.4.2 加筋路堤应通过计算分析，确定加筋材料的铺设方式、铺设层数、铺设范围（铺设长度），设计计算分析内容及其要求可按表4.4.2确定。进行各项分析时，应根据现行《公路路基设计规范》（JTG D30）要求考虑正常工况、暴雨工况、地震工况等不同的工况。重要工程宜采用数值分析方法，获得加筋体变形与破坏特征，确定加筋方案。

加筋路堤计算分析内容与要求 表4.4.2

破坏模式		分析内容	稳定安全系数 F_s
内部稳定破坏	滑动面位于堤身	堤身稳定性	满足现行《公路路基设计规范》（JTG D30）要求
	滑动面穿过地基	地基与堤身的整体稳定性	满足现行《公路路基设计规范》（JTG D30）要求
	筋材拔出	抗拔稳定性	1.5（粒料土），2.0（黏性土）
外部稳定破坏	平面滑动破坏	平面滑动稳定性	1.30，考虑地震荷载时取1.1
	深层滑动破坏	深层滑动稳定性	满足现行《公路路基设计规范》（JTG D30）要求
	局部承载破坏	局部承载稳定性	1.30，考虑地震荷载时取1.1
	过量沉降	沉降	满足现行《公路路基设计规范》（JTG D30）要求

针对加筋路堤内部稳定破坏、外部稳定破坏和复合稳定破坏三种破坏模式，FHWA《加筋土挡墙与加筋土坡设计与施工指南》（2001）推荐的稳定安全系数要求见表4-11。

FHWA 推荐的加筋路堤稳定安全系数要求 表 4-11

破坏类型		安全系数 F_s
外部稳定破坏	滑动破坏	1.3
	深层整体滑动破坏	1.3
	局部承载破坏(侧向挤出)	1.3
	动载	1.1
复合稳定破坏		1.3
内部稳定破坏		1.3
抗拔		1.5(粒料土),2.0(黏性土)
沉降		工后沉降根据工程要求而定

我国现行《公路路基设计规范》(JTG D30)对路堤稳定性的计算及稳定安全系数提出了明确要求,土工合成材料加筋路堤的目的是使路堤达到规定的要求,因此,为与路基设计规范相一致,对内部稳定破坏涉及的堤身稳定性、地基与堤身的整体稳定性,以及外部破坏涉及的深层滑动稳定性与沉降,要求满足现行规范规定的稳定安全系数值;对未涉及的平面滑动稳定性、局部承载稳定性、筋材拔出,借鉴了表 4-11 的推荐值。

数值分析方法是获得加筋体变形与破坏特征的较好方法。通过数值分析,可以掌握加筋体变形与破坏特征,了解工程的薄弱环节,因此,对重要工程,宜采用数值分析与极限分析相结合的方法,确定合适的加筋结构形式,分析加筋路基的稳定性,确定加筋方案。但由于数值分析需要的计算参数较极限平衡法多,如需要土和加筋材料的模量,考虑变形随时间的变化时还需要固结的相关参数,且这些参数的测试较极限平衡法的强度参数更难,故采用数值分析方法选择加筋材料,计算加筋路基稳定系数时,应注意参数的可靠性与准确性。

4.4.3 加筋路堤筋材宜按上疏下密的方式进行布置,其层间距可按下述步骤确定。

1　可按图4.4.3-1和式(4.4.3-1)计算满足稳定安全系数F_s需要的总筋材拉力T_S。应由式(4.4.3-1)搜索得出最大总拉力T_{Smax}及其对应的滑动面。

$$T_S = (F_s - F_{su})\frac{M_D}{D} \tag{4.4.3-1}$$

式中:F_s——要求达到的稳定安全系数,按现行《公路路基设计规范》(JTG D30)取值;

F_{su}——未加筋时路堤圆弧滑动破坏的稳定系数,按现行《公路路基设计规范》(JTG D30)规定的方法计算;

D——筋材总拉力T_S作用的力臂(m);对土工格栅、土工织物等片状筋材,取$D=R$;对刚度大的条带式筋材,按图4.4.3-1确定;

M_D——滑动力矩(kN),可按式(4.4.3-2)计算;当需要考虑地震力作用时,应计入地震力;

$$M_D = \sum(W_i + Q_i)R\sin\alpha_i \tag{4.4.3-2}$$

W_i——土条i的重力(kN/m);

Q_i——作用于i土条竖直方向的外力(kN/m),如车辆荷载等;

R——滑弧半径(m);

α_i——土条i底滑面与水平面的倾角(°)。

2　可根据T_{Smax}和坡高H确定不同加筋层间距的区域。当坡高$H \leqslant 6.0$m时,可按1个区域布置;当$H>6.0$m时,可按大致等高的2个或3个区域布置。各区域筋材所受拉力T_Z可按以下方式考虑,如图4.4.3-2所示。

1个区域布置时　　$T_Z = T_{Smax}$

2个区域布置时　　底部$T_Z = 3/4\ T_{Smax}$;上部$T_Z = 1/4\ T_{Smax}$

3个区域布置时　　底部$T_Z = 1/2\ T_{Smax}$;中部$T_Z = 1/3\ T_{Smax}$;上部$T_Z = 1/6\ T_{Smax}$

3　可按式(4.4.3-3)确定各加筋区域筋材竖向间距或所需的加筋层数。当计算获得的筋材竖向间距小于一层填土最小压实厚度时,应改用强度更高的加筋材料。

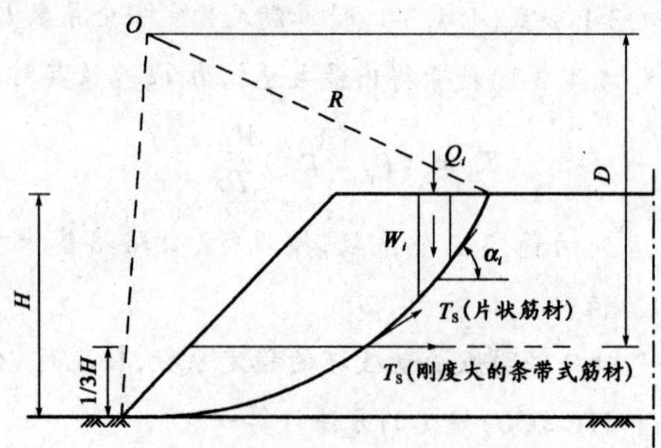

图 4.4.3-1　筋材总拉力计算图示

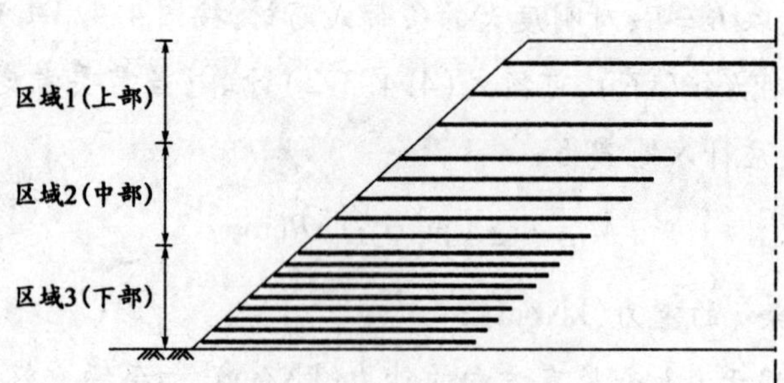

图 4.4.3-2　筋材的区域布置

$$T_j = \frac{T_Z S_V}{H_Z} = \frac{T_Z}{N} \leqslant T_a R_c \tag{4.4.3-3}$$

式中：R_c——加筋覆盖率，其值等于筋材宽度 b/筋材水平间距 S_h，对土工格栅和土工织物，$R_c = 1$；

S_V——各加筋区域筋材竖向间距(m)；

H_Z——各加筋区域高度(m)；

N——各加筋区域加筋层数；

T_Z——各加筋区域筋材所受拉力(kN/m)，按本条第 2 款方法确定；

T_j——第 j 层筋材所受拉力(kN/m)，根据所处区域按式(4.4.3-3)计算；

T_a——筋材设计计算抗拉强度(kN/m)，按式(4.2.2)确定。

在我国过去的加筋路堤工程中，很少注意筋材布设方式，一般采用等间距布设。大量的研究分析表明，中下部的加筋材料对路堤稳定性贡献大，因此，推荐了上疏下密的布设方式。

对筋材的受力方向，目前主要有两种假定：其一是假定沿筋材的铺设方向；其二是假定沿滑弧的切向。实际的情况比较复杂，筋材的受力方向与加筋材料的刚度和加筋路堤的变形有关，更多是介于两者之间。《公路土工合成材料应用技术规范》(JTJ/T 019—98)中，采用的是前者。FHWA《加筋土挡墙与加筋土坡设计与施工指南》(2001)认为，对刚度大的条带式加筋材料，如钢条、筋材的受力方向为沿筋材的铺设方向，对土工格栅、土工织物等片状式筋材，柔性大，其受力方向为滑弧切向。

筋材布置过密，不便于施工，也不经济，因此，要求当筋材竖向间距小于最小压实厚度时，应重新选择加筋材料。

4.4.4 加筋材料的铺设长度应根据堤身稳定性、地基与堤身的整体稳定性、堤身沿地基表面的平面滑动稳定性、抗拔稳定性计算结果综合确定，并符合以下规定：

1 堤身稳定性、地基与堤身的整体稳定性，可采用式(4.4.4-1)所示的圆弧条分法进行计算，计算图示如图4.4.4-1。计算时应假定若干滑弧，求得最小稳定系数。最小稳定系数不得小于表4.4.2规定的稳定安全系数要求。

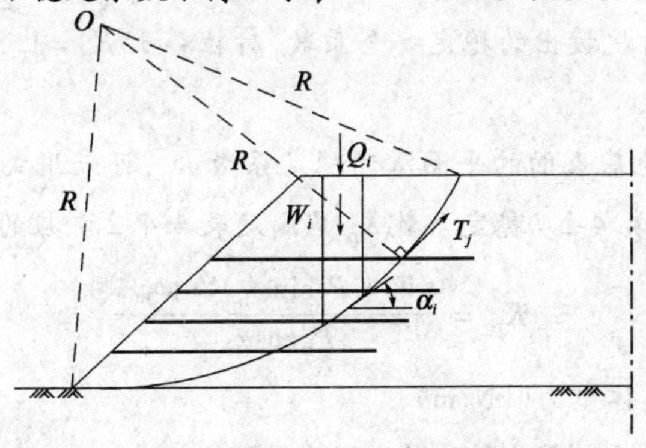

图4.4.4-1 堤身稳定性、地基与堤身整体稳定性计算图示

$$F_c = F_{su} + \frac{\sum T_j D_j}{M_D} = F_{su} + \frac{\sum T_j D_j}{\sum (W_i + Q_i) R\sin\alpha_i} \tag{4.4.4-1}$$

式中：F_c——堤身稳定性、地基与堤身整体稳定性系数；

F_{su}——未加筋时的稳定性系数，采用现行《公路路基设计规范》(JTG D30)规定的方法进行计算；

T_j——第 j 层筋材所受拉力(kN/m)，按式(4.4.3-3)计算；

D_j——第 j 层筋材拉力作用力臂(m)，对土工格栅和土工织物，$D_j = R$；

其他符号的意义同式(4.4.3-2)。

2 筋材应埋入稳定土体内，即埋入稳定系数不小于要求稳定安全系数的滑动面后，其锚固长度 L_e 可按式(4.4.4-2)确定。当计算的锚固长度小于2.0m时，应取为2.0m。

$$L_e = \frac{T_j F_e}{2 f_{GS} \alpha \sigma'_v R_c} \tag{4.4.4-2}$$

式中：T_j——第 j 层筋材所受拉力(kN/m)，按式(4.4.3-3)计算；

f_{GS}——抗拔出阻力系数，按4.2.6条确定；

α——考虑筋材与土相互作用的非线性分布效应系数，取0.6～1；资料缺乏时，土工格栅取0.8，土工织物取0.6；

σ'_v——筋土交界面的有效正应力(kN/m)，可按作用于筋材上的自重应力计算；

R_c——加筋覆盖率，对土工格栅和土工织物，$R_c = 1$；

F_e——筋材抗拔出的稳定安全系数，对粒料土 $F_e = 1.5$，对黏性土 $F_e = 2.0$。

3 堤身沿地基表面的平面滑动稳定系数 K_p，可采用式(4.4.4-3)计算，计算图示如图4.4.4-2。稳定系数 K_p 应满足表4.4.2相应的要求。

$$K_p = \frac{(W + P_a \sin\varphi_b)\tan\varphi_{min}}{P_a \cos\varphi_b} \tag{4.4.4-3}$$

式中：W——加筋体重力(kN/m)；

P_a——作用于加筋体的主动土压力(kN/m)；

φ_b——加筋体后填土摩擦角(°),当加筋体背后铺设有排水层或过滤层时,φ_b 为排水层或过滤层与填土间的相互作用摩擦角;

φ_{min}——加筋体与地基间的摩擦角(°),取填土与筋材间、地基土与筋材间摩擦角,或填土、地基土摩擦角中的小者。

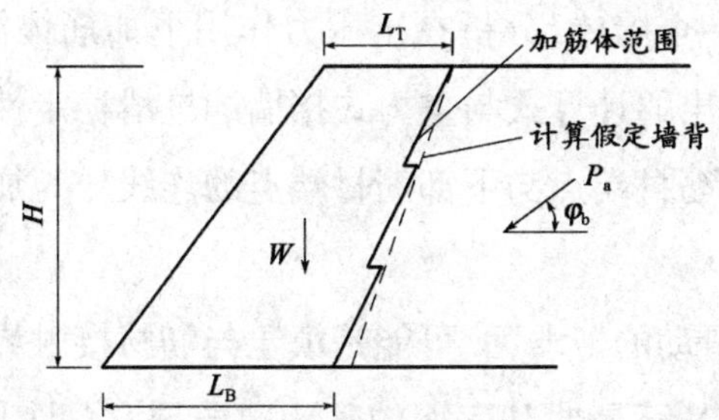

图 4.4.4-2 堤身沿地基表面的平面滑动稳定性计算图示

加筋材料的铺设长度是加筋路堤设计计算的重要内容。与加筋材料铺设长度有关的主要是堤身稳定、地基与堤身的整体稳定、堤身沿地基表面的平面滑动稳定、抗拔稳定。一般情况下,先计算出未加筋时稳定系数小于所需稳定安全系数的所有滑动面,以此确定加筋的大致范围,按此布筋,再进行堤身稳定性、地基与堤身的整体稳定性、堤身沿地基表面的整体平面滑动稳定性的验算,如不满足要求,则增加筋材长度。路堤上部的筋材长度一般由堤身稳定性、地基与堤身的整体稳定性控制;下部的筋材长度一般由堤身沿地基表面的整体平面滑动稳定性、地基与堤身的整体稳定性控制。

(1)堤身稳定、地基与堤身的整体稳定分析均采用的是圆弧条分法,其计算方法是一致的。《公路土工合成材料应用技术规范》(JTJ/T 019—98)中,采用瑞典条分法列出了堤身稳定性、地基与堤身的整体稳定性计算的表达式,并采用土工合成材料的抗拉强度作为筋材拉力。在本次规范修订时,考虑到现行《公路路基设计规范》(JTG D30)对路堤稳定性分析采用了更加细化的土强度参数获取方法和稳定安全系数取值,为此,采用了式(4.4.4-1)的表达方式。就筋材受力,条文4.4.3给出了不同区域的分担值,这个分担值即是所需的加筋拉力,因此,在稳定性计算中,采用此拉力代替了原规范中的筋材抗拉强度,这样更为合理。

(2)《公路土工合成材料应用技术规范》(JTJ/T 019—98)中,锚固长度计算没有考虑筋材与土相互作用力非线性分布效应系数。本次规范修订中,借鉴 FHWA《加筋土挡墙与加筋土坡设计与施工指南》(2001),引入了该系数。

(3)堤身沿地基表面的整体平面滑动稳定性计算,是将铺设加筋材料范围内的加筋体看成一个墙体,分析在土压力作用下加筋体沿地基表面的滑动稳定性。因此,所给出的计算式与重力式挡墙的抗滑稳定性计算式是一致的。为计算方便,将上部筋材端点与下部筋材端点的连线作为加筋体假定墙背,以此确定墙体的范围。

加筋体沿地基滑动的薄弱面,可能是填土与筋材接触界面,也可能是地基土与筋材接触界面,甚至是地基表面的某一薄弱层,因此,要求取这些情况中摩擦阻力的小者作为滑动稳定性分析的薄弱面,进行计算分析。

4.4.5　当路堤下存在深度 D_s 小于边坡宽度 b' 的软弱土时,可采用式(4.4.5)计算局部承载破坏(侧向挤出)的稳定系数 F_{sq},计算图示如图 4.4.5。计算所得到的稳定系数 F_{sq} 应满足表 4.4.2 的要求;当不满足要求时,应对地基进行处理。

$$F_{sq}=\frac{2C_u}{\gamma D_s\tan\theta}+\frac{4.14C_u}{H\gamma} \tag{4.4.5}$$

式中:C_u——软弱土体的不排水剪强度(kN/m^2);

γ——路堤填土重度(kN/m^3);

D_s——软弱土体深度(m);

θ——边坡坡角(°);

H——路堤高度(m)。

局部承载破坏(侧向挤出)的稳定分析,借鉴了 FHWA《加筋土挡墙与加筋土坡设计与施工指南》(2001)的方法。其指出:由于计算未考虑加筋的影响,因此该方法是偏于保守的。当计算的稳定系数 F_{sq} 小于 2.0 时,应引起重视,并应采用数值分析方法进行分析。当软弱层深度大于边坡底部宽度时,应

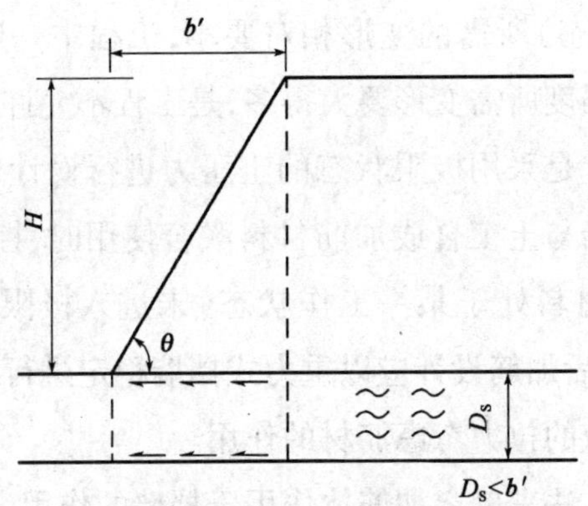

图 4.4.5 局部承载破坏(侧向挤出)计算图示

采用边坡稳定分析方法。

4.4.6 墙后加筋体作用于墙背的土压力水平作用力 P 可按式(4.4.6)计算。并应根据计算的土压力确定挡墙尺寸,根据所需筋材拉力确定加筋层间距。挡墙稳定性计算方法及其要求应满足现行《公路路基设计规范》(JTG D30)的相关规定。墙后填土加筋时,不应降低对挡墙自身设计与施工的要求。

$$P = P_{ax} - T_r \tag{4.4.6}$$

式中:P_{ax}——未加筋时主动土压力的水平分量(kN/m),主动土压力按现行《公路路基设计规范》(JTG D30)中相关要求计算;

T_r——筋材的总设计拉力(kN/m),应结合工程具体情况确定工作应变,以工作应变对应的拉力作为筋材的设计拉力;对塑料土工格栅和土工织物,当先构筑挡墙后铺设加筋材料时,可取0.5% ~1%应变对应的筋材拉力作为设计拉力;当先完成加筋再构筑挡墙时,可取1% ~2%应变对应的筋材拉力作为设计拉力。

墙后填土加筋作为提高挡墙稳定性的辅助措施,不应弱化挡墙自身的设计与施工要求,其设计与施工应满足现行《公路路基设计规范》(JTG D30)的相关规定。

墙后的填土和加筋材料一般不会同时进入极限状态。填土进入极限状态

(或者主动土压力状态)所需的变形相对要小,工程中一般是允许的;而加筋材料达到最大抗拉强度所需变形要大得多,是工程不允许的。

挡墙的传统设计是采用极限状态的土压力进行设计,本身没有考虑到位移控制。重力式挡墙与土工合成加筋材料联合使用时,控制设计的是填土进入极限状态而加筋材料处于某一工作状态(未进入极限状态)时的稳定性。因此,重力式挡墙墙后加筋设计应以重力式挡墙稳定进行控制,考虑允许变形条件下筋材应变对应的拉力考虑筋材的作用。

可以通过三种方法来确定加筋体作用于挡墙的作用力。其一是假定加筋材料对墙后土体的滑裂面没有影响,墙后土压力由重力式挡墙和加筋材料共同承担,土压力的水平分量等于传统主动土压力水平分量减去筋材在相应工作状态下的总拉力;其二是假定墙后加筋土体的滑裂面为朗肯主动滑裂面,取主动区为脱离体,求解作用于挡墙的水平作用力;其三是假定加筋材料导致墙后土体的滑裂面转变为 $0.3H$ 法确定的潜在滑裂面,取主动区为脱离体,求解作用于挡墙的水平作用力。

本规范就墙后加筋进行了专题研究,对上述三种计算方法进行了算例分析,结果表明:方法一和方法二的结果非常接近,且与数值分析结果基本吻合;方法三的土压力较数值分析结果明显要低,且计算相对复杂。为此,在条文中推荐了方法一。

筋材所处工作状态是确定筋材作用大小的依据。杨广庆等对赣龙铁路上一高 12.2m 的反包式土工格栅加筋土挡墙、河北省某高速公路上 4 个 5.5m 高的土工格栅加筋面板式挡墙断面进行了现场试验,结果显示:土工格栅的应变为 0.1% ~1.0%。英国的加筋土设计规范(BS 8006—1995)要求加筋土桥台设计中应变低于 0.5%,加筋土挡墙设计中应变低于 1.0%。Bathurst 等(2005)建议采用加载 1000h 后应变达到 2% 的抗拉刚度(抗拉刚度 = 筋材拉力/应变)作为土工合成加筋材料的设计指标。Wu 等(2006)建议在加筋土桥台设计中采用 1% 拉应变对应的抗拉力和抗拉刚度作为设计指标。

加筋土中筋材的工作应变及其对应的工作应力与挡墙的类型、挡墙高度、堆载、填土和加筋材料的工程性状、施工方法及顺序等诸多因素相关。本规范专题研究结果表明:对于先构筑挡墙后构筑加筋土的重力式挡墙,加筋土和筋材的变形受挡墙限制较明显,可取0.5% ~1%为工作应变;对于先构筑加筋土再构筑挡墙情况,可取1% ~2%为工作应变。

条文应变取值是针对塑料土工格栅和土工织物提出的,不包括钢塑格栅、钢筋混凝土加筋带等刚性筋材。

4.4.7 墙后加筋材料应穿过破裂面,破裂面后的锚固长度可按式(4.4.4-2)计算确定。

4.4.8 应采用现行《公路路基设计规范》(JTG D30)规定的方法进行沉降分析,并满足相应的要求。当沉降不能满足要求时,应采取措施对地基进行处理。

尽管有大量的研究表明,采用土工合成材料加筋后,路堤的沉降,尤其是不均匀沉降有所改善,但至今仍未建立起考虑加筋作用的沉降计算方法。因此,条文规定采用现行《公路路基设计规范》(JTG D30)规定的方法进行沉降分析。

4.5 施工要点

4.5.1 土工合成材料加筋路基施工前,应清理现场,清除滑动体,平整场地,对场地进行初步碾压。

土工合成材料加筋路基施工的一般步骤为:现场准备、进行地基处理(必要时)、施工地下排水设施(必要时)、构筑加筋路基、施工表面排水设施。

4.5.2 在铺设加筋材料前,应根据设计要求和现行相关规范的规定,完成地基的加固处理和地下排水设施的施工。

4.5.3　铺设加筋材料的土层表面应平整，严禁有坚锐凸出物。

土层表面如有坚硬岩石等尖锐凸出物，易穿破加筋材料，影响其强度，因此，要求土层表面应平整，无坚锐凸出物。

4.5.4　路堤加筋，加筋材料强度高的方向应垂直于路堤轴线；墙后填土加筋，加筋材料强度高的方向应垂直于挡墙墙面。

土工合成材料在纵横向的强度并不一致，一般纵向强度较高。将强度高的方向置于主受力方向更有利于其强度的发挥。

4.5.5　应根据设计长度确定加筋材料的剪裁长度，避免在主受力方向连接；必须连接时，连接处强度不得低于材料极限抗拉强度的80%。

通常情况下，连接强度难以达到加筋材料强度，因此，在主受力方向，应根据设计做好筋材用材计划，尽可能不要连接。

对土工格栅的连接，有连接棒连接、搭接并绑扎等方式。连接棒连接是采用连接棒穿过土工格栅进行连接，是最能保障连接强度的方式，但我国目前很少采用，其原因一是没有专门生产的连接棒，二是连接棒造价较高。在实际工程中，可以考虑采用钢筋作为连接棒进行土工格栅的连接。当采用搭接并绑扎的连接方式时，根据一些工程经验，一般每隔 10 ~ 15cm 应有一绑扎节点。

对土工织物的连接，有缝合、黏合等方式。当采用缝合法连接时，一般采用工业缝纫机，缝接长度在 20cm 左右。工程实践表明，黏合法难以保证连接质量，应尽量避免采用。

4.5.6　横向相邻两幅加筋材料应相互搭接，搭接宽度不宜小于 15cm；不同层面的搭接位置应相互错开。

要求不同层面的连接位置相互错开是为了增强加筋的整体效应。

4.5.7 加筋材料的铺设应平整、无褶皱。可采用人工拉紧、U形钉固定等措施将加筋材料固定于填土表面。

加筋材料铺设时如有皱褶,将不利于加筋效果的发挥。为保证加筋材料铺设质量,常采用U形钉等固定方法。

4.5.8 与加筋材料直接接触的填料的最大粒径不宜超过15cm,粒径大于6cm的含量不宜超过30%。

4.5.9 填料应分层摊铺、分层碾压,采用大型压路机压实时,压实面与筋材之间应保证有不少于15cm厚的填料。应避免运料车及其他施工机械直接在张紧定位的加筋材料上行进,不得从高处抛掷石块。

1 临近路堤边坡坡面,以及临近墙后等大型压路机难以压到部位,应采用轻型压实机械分层压实,压实厚度不得大于15cm。

2 对软弱地基,应采用后卸式卡车沿路堤轴线方向两侧边缘卸料,填料不应集中堆卸。第一层填料宜采用推土机或其他轻型压实机具进行压实,填筑厚度大于60cm后方可采用重型压实机具压实。

3 对非软弱地基,宜从路堤的中心位置开始,对称向两侧摊铺填土并碾压。

在填料摊铺与碾压过程中,加筋材料易受到损伤,为尽量降低这种损伤,做出了条文的规定。

临近边坡坡面,以及临近墙后部位,难以采用正常的压实机械进行压实,是压实的薄弱环节,因此要求采用轻型压实机械对这部分填土进行压实,以保证填筑质量。

软土地基上如直接用重型机具碾压,或堆土不当,易造成地基局部承载力不足而破坏,使加筋材料产生局部大变形。采用后卸式货车沿路堤轴线方向两侧边缘卸料,既便于将土工合成材料张紧,也便于形成运土的交通便道。填成施工便道后,再由两侧向中心平行于路堤轴线对称填筑。

4.5.10　加筋路堤边坡坡率陡于1∶1时，应设置坡面支撑体。可采用木模等临时型支撑体或堆石、土工织物土带、石笼或预制混凝土面板等永久型支撑体。

设置支撑体既有利于形成良好的坡面，又有利于临近坡面填料的压实。施工实践表明（李连强，2006），对木模临时型支撑体，采用木模挡板加钢筋固定，超宽碾压后再进行人工修坡，这样边缘压实度容易达到设计要求，还克服了斜模易被挤压变形且施工不便等困难，如图4-5所示。

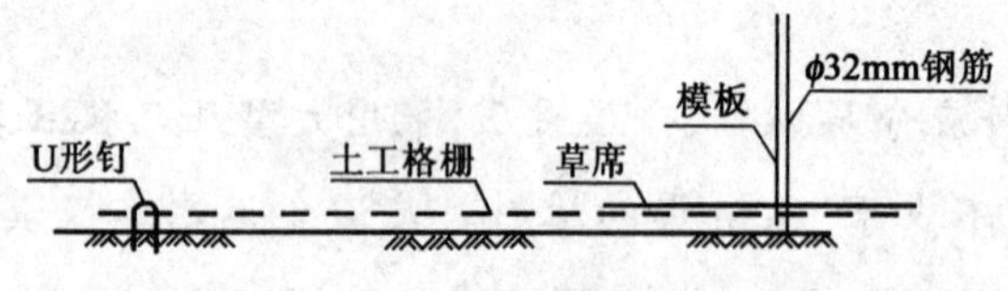

图4-5　直立临时木模

4.5.11　坡面采用反包形式时，卷入路堤填料的加筋材料长度不得小于1.0m，如图4.5.11所示；采用土工格栅加筋时，应用细网、草席或土工织物置于坡面格栅内侧，防止填料漏出。

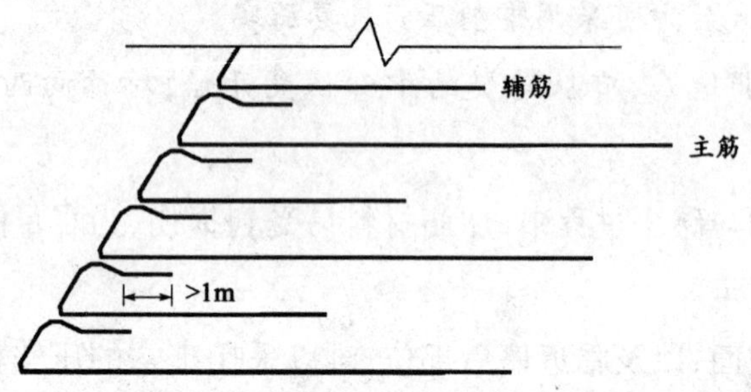

图4.5.11　加筋路堤土工合成材料卷入路堤长度

对加筋材料卷入路堤中的长度做出规定，是为了保证包裹部分的稳定性。土工格栅往往具有较大的孔径，填料易从其开孔中漏出，进而影响坡面的长期稳定性，因此要求采用细网、草席或土工织物置于坡面格栅内侧防止填料漏出。

4.5.12　加筋路堤的边坡防护应与路堤的填筑同步进行。防护施工滞后时应及时对坡面采取临时保护措施,避免土工合成材料长时间暴露和雨水对边坡的冲蚀。

4.5.13　施工中应修筑临时排水设施,减少水的影响。

4.5.14　应加强施工期间的稳定性监测,根据监测资料,掌握路基稳定状态。当出现稳定性不足的迹象时,应采取控制填筑速率、变更设计方案等有效措施,确保路基稳定。

与非加筋路基一样,在施工时应加强路基稳定性的监测与控制,尤其是对软弱地基上的加筋路堤、陡斜坡地基上的加筋路基,更应通过相关的监测,确定或调整填筑速率,以保障路基施工期的稳定。现行《公路路基设计规范》(JTG D30)中,对路基施工监测与控制方法及其要求已做出了规定,可参照执行。

4.6 工程实例

实例一:云南安(宁)—楚(雄)高速公路大红田段加筋路基工程

云南安(宁)—楚(雄)高速公路大红田段路基位于农田区域,为减少对农田的占用,采用1:0.5的坡率构筑加筋陡坡路堤。加筋土路基高为7~20m,部分为软基上高填方,对软基进行了换填片石、换填碎石结合土工格室和碎石垫层、土工织物进行处治,软基处理完毕后在其上修筑加筋土路堤。路堤填料为隧道弃方的土石混合物,加筋材料采用抗拉强度120kN/m的高密度聚乙烯(HDPE)单向土工格栅TGDG—120型,铺设间距为60cm。施工中,采用草席木模临时支撑体,反包土工格栅形成坡面,再进行坡面植被防护(图4-6、图4-7)。该工程2003年9月竣工,至今路基稳定,使用良好。

实例二:沪蓉高速公路宜昌至巴东段第11标段桥改路加筋路基工程

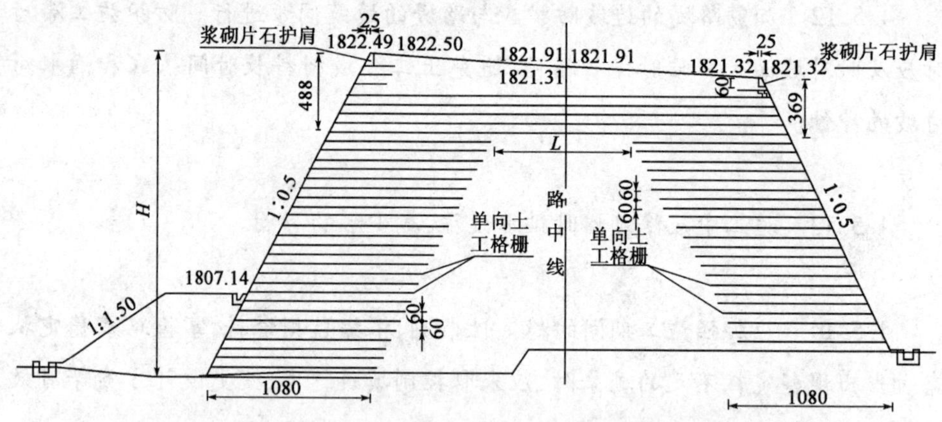

图 4-6　大红田段加筋路基典型断面(尺寸单位:mm)

图 4-7　大红田段加筋路基工程建成时的情况

沪蓉高速公路宜昌至巴东段第 11 标 YK72 + 940. 500 ~ YK73 + 035. 500 段原为两隧道间的桥梁。采用桥梁方案存在以下困难:(1)施工难度大、成本高;(2)隧道弃方,需要另行征地等。结合工程实际条件,后改为加筋陡坡路堤方案。

该段加筋陡坡路堤长约 113m。其中,YK72 + 975. 500 ~ YK72 + 985. 500 段坡比为 1∶1,最大高度约 52m,其余段坡比均为 1∶0. 5,高度随地形而变。填料为隧道弃渣的碎石土,内摩擦角为 35°。加筋材料采用 RS90kN 型高密度聚乙烯土工格栅,最大加筋长度为 34m,部分加筋长度不够段采用锚杆技术。加筋间距依路堤高度采用了 30cm、40cm、50cm、100cm。坡面采用土袋作为临时支撑体,反包土工格栅后进行植被防护(图 4-8、图 4-9)。

施工期间进行了变形监测,结果表明,路堤稳定。

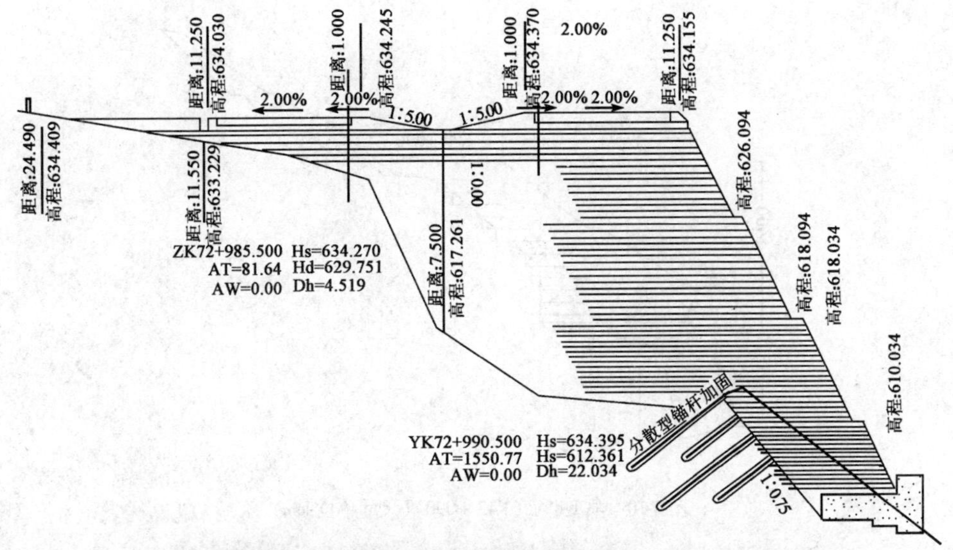

图 4-8　宜昌至巴东高速公路桥改路加筋路基工程典型断面(尺寸单位:m)

图 4-9　宜昌至巴东高速公路桥改路加筋路基工程坡面及完工后情况

实例三:广东天汕高速公路第 8 标 K43 + 055 ~ K43 + 095 段挡墙加筋工程

广东天汕高速公路第 8 标 K43 + 055 ~ K43 + 095 段为高路堤 + 陡坡半填半挖 + 挡土墙路基,挡土墙高度 16m,地基横坡坡率陡于 1∶3。为增强高挡墙稳定,在衡重式挡墙后设置了多层长度为 7m 以上的单向土工格栅,典型断面图如图 4-10 所示,挡墙完工后的情况如图 4-11 所示。该工程至今已使用 6 年多,状况良好。

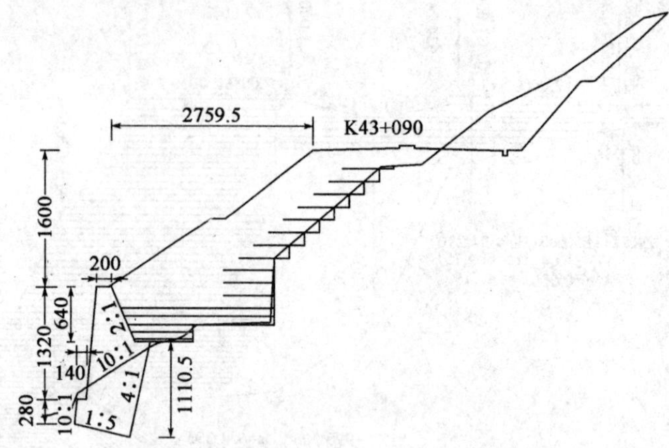

图 4-10　典型断面(K43 +090)(尺寸单位:cm)

图 4-11　K43 +055 ~ K43 +095 段路基竣工时情况

5 路基防排水

5.1 一般规定

5.1.1 采用土工合成材料进行过滤、防渗和排水时，应根据场地情况，合理选择材料，进行系统设计，与其他相关设施一起共同构成完善的过滤、防渗和排水系统。其主要应用场合如图5.1.1所示。

在进行过滤、排水、防渗设计时，一方面需要充分了解场地情况，明确过滤、防排水对象的类型、位置、水量大小，以及场地内其他排水设施等情况；另一方面，需要掌握过滤、防排水材料的性能、特点等，合理选材，使土工合成材料的应用更具针对性。

近年来，土工防排水材料发展较快，出现了大量新材料。从实际工程应用看，土工防排水材料已经可以独立作为过滤、排水和防渗体，但有时为满足不同的工程需要，增强或更充分地发挥其排水、过滤、防渗功能，往往采取与其他材料配合（如土工织物和砂石料配合）共同形成排水、过滤与防渗体。

公路防排水系统一般由多种防排水形式和结构组成。在多数情况下，土工合成材料单一作为防排水体的能力是有限的，因此，需要与防排水系统中的其他结构充分配合，完成防排水功能。不同防排水设施采用的主要土工合成材料及其要求见表5-1。

在公路工程中，土工合成材料用于过滤、排水、防渗的场合很多，条文列出一些主要应用场合。

5.1.2 应根据场地的具体工程地质和水文地质条件、环境条件，确定土工合成材料类型、设置位置、布设方式和数量，保障过滤、防渗和排水结构的有效性。

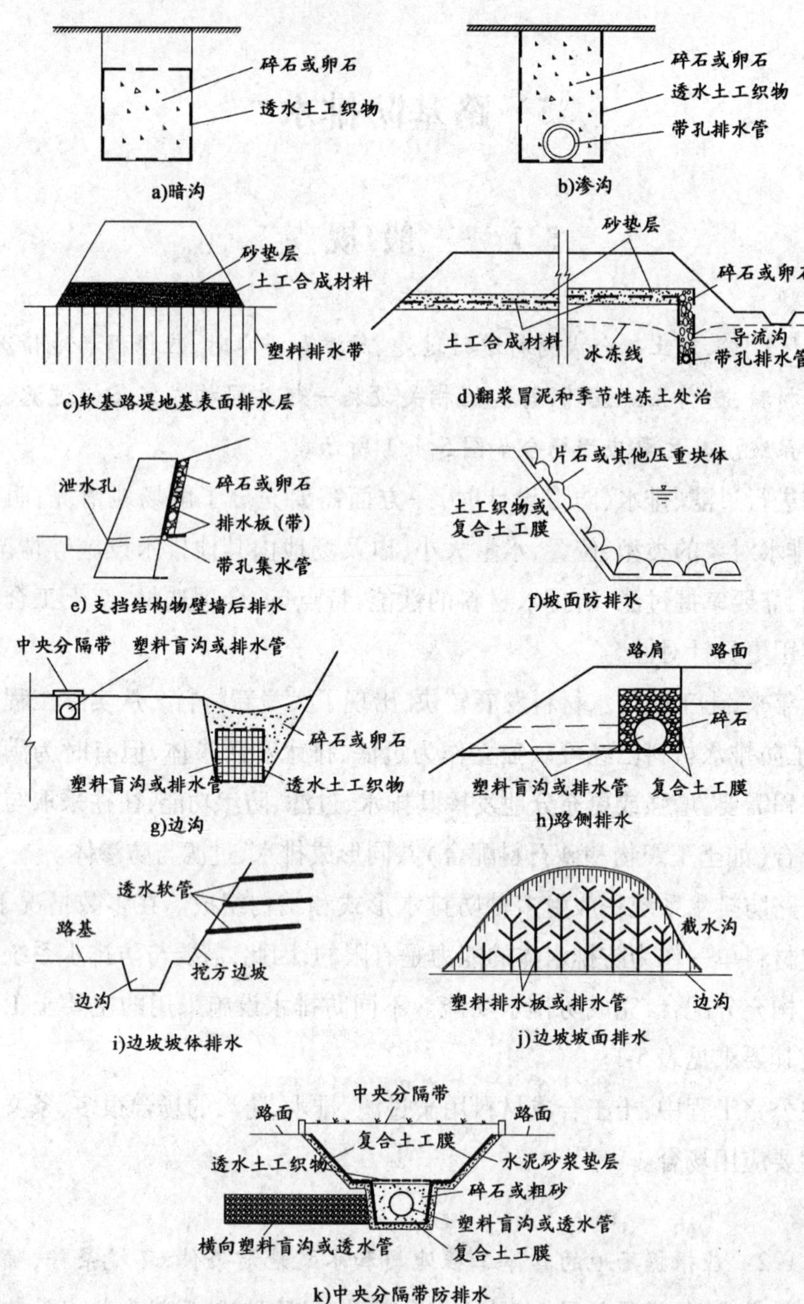

图 5.1.1 土工合成材料应用于路基防排水的主要形式

不同防排水设施采用的主要土工合成材料及其要求　　表 5-1

排水设施类型		土工合成材料类别	材料水力性能要求
地下排水	渗沟、渗井	土工织物、土工膜、软式透水管、复合排水体(集透水、防渗、排水于一体)、整体式渗沟	反滤、透水、排水、防渗
	盲沟	土工织物、软式透水管、复合排水体(塑料盲沟等)	反滤、透水、排水
坡面汇排水		土工膜、软式透水管、复合排水体(塑料盲沟等)	透水、反滤、排水、防渗
隔离层		不透水土工合成材料、复合土工膜(含透水土工织物)	防渗、排水
支挡结构集排水		透水土工织物、软式透水管、复合排水体(塑料盲沟等)	集水、透水、反滤、排水
中央分隔带及路面边缘排水		土工织物、土工膜、软式透水管、复合排水体(塑料盲沟等)	透水、反滤、防渗、排水

5.1.3　过滤宜采用无纺土工织物,排水可选用排水板(带)、透水软管、透水硬管、长丝热粘排水体或其他土工合成材料,防渗可选用土工膜、复合土工膜、土工织物膨润土垫(GCL)及复合防水材料等。

5.1.4　独立用于排水、隔离的无纺土工织物,其强度应符合表 5.1.4 的规定,单位面积质量宜为 300～500g/m^2。通常环境条件下宜采用Ⅱ级,所处环境条件良好时可采用Ⅲ级,遇有冲刷等较恶劣环境条件时应采用Ⅰ级。

无纺土工织物强度的基本要求　　表 5.1.4

测试项目	单位	用途分类					
		Ⅰ级		Ⅱ级		Ⅲ级	
		伸长率<50%	伸长率≥50%	伸长率<50%	伸长率≥50%	伸长率<50%	伸长率≥50%
握持强度	N	≥1400	≥900	≥1100	≥700	≥800	≥500
撕裂强度	N	≥500	≥350	≥400	≥250	≥300	≥175
CBR 顶破强度	N	≥3500	≥1750	≥2750	≥1350	≥2100	≥950

注:表列数值指卷材沿强度最弱方向测试的最低平均值。

在施工中以及使用期内,土工织物不可避免会受到外力的作用,因此,要求其具有一定的强度。表 5.1.4 是参考美国 AASHTO Designation:M288—96 DRAFT 1995,对照我国生产的土工织物性能指标提出的。对于复合土工合成排水材料中主要起过滤作用的土工织物,可不受本条的限制。

5.1.5　与本章相关的流量计算、排水系统的布置、排水结构形式应按现行《公路排水设计规范》(JTJ 018)等相关规范中的相应条款执行。

土工合成材料用于过滤和防排水,只是材料的改变,且多为增强和改善过滤结构和防排水结构的能力,因此,要求相关的流量计算、排水系统布置、排水结构形式按现行《公路排水设计规范》(JTJ 018)等相关规范中的相应条款执行。本规范只对土工合成材料的过滤和防排水能力及其确定方法提出相关要求。

5.2 过滤设计

5.2.1　用于过滤的土工织物,应满足挡土、保持水流畅通(透水)和防止淤堵三方面的要求。用于包裹碎石盲沟和渗沟的土工织物、处治翻浆冒泥和季节性冻土的土工织物、支挡结构物壁墙后的土工织物、水下坡面防护的土工织物,以及复合排水材料外包的土工织物等,应按过滤设计要求进行选择。

过滤设计以过滤准则为原则。过滤准则包括挡土准则、透水准则和淤堵准则三个方面，即要求土工合成材料既能挡土，又不致在长期使用条件下由于土中细粒流入产生过量淤堵而影响其透水性。

用于包裹碎石盲沟和渗沟的土工织物、处治翻浆冒泥和季节性冻土的土工织物、支挡结构物壁墙后的土工织物、水下坡面防护的土工织物，以及复合排水材料外包的土工织物等，主要起过滤作用，应按过滤设计要求选择土工织物。

5.2.2 对一般工程结构设计或重要工程结构的初步设计，可按下列要求选定土工织物。对重要工程结构的施工图设计，除按下列要求选定土工织物外，还应根据实际的荷载、渗流、被保护土质、工程特点等条件，进行相应的试验或模型试验进行检验。

1 挡土要求：

$$\left.\begin{array}{ll} O_{95} \leqslant nd_{85} & \text{粗粒土(粒径 } d < 0.075\text{mm 的颗粒含量小于 } 50\%) \\ O_{95} \leqslant 0.21\text{mm} & \text{细粒土(粒径 } d < 0.075\text{mm 的颗粒含量大于或等于 } 50\%) \end{array}\right\} \quad (5.2.2\text{-}1)$$

式中：O_{95}——土工合成材料（土工织物）的等效孔径（mm）；

d_{85}——被保护土的特征粒径（mm），按土中小于该粒径的土粒质量占总土粒质量的85%确定；

n——系数，与被保护土类型、级配、土工合成材料品种及所处工作状态有关，n 值宜根据试验确定，不宜小于2。

2 透水性要求：

$$K_G > AK_S \quad (5.2.2\text{-}2)$$

式中：K_G、K_S——土工织物的渗透系数（m/s）和被保护土的渗透系数（m/s）；

A——系数，宜按工程经验确定，不宜小于10。

3 防淤堵要求：

$$\text{GR} = i_1/i_2 \leqslant G \quad (5.2.2\text{-}3)$$

式中：GR——梯度比；

i_1、i_2——土工织物被保护土侧与另一侧的水力梯度；

G——1.5~3.0，对容易淤堵的填料和使用场合，G取较小值。

4 当排水失效后会引起巨大损失时，应进行室内淤堵试验，确定合适的材料与过滤结构。

荷载、渗流、被保护土质情况等均会对土工织物的过滤性能产生影响。因此，需保证土工织物性能和结构的稳定，避免由于荷载的作用而导致其孔径发生大的变化。对重要的工程或结构，需要根据实际工程情况，进行相应的渗透试验、淤堵试验或模型试验，选择土工织物。

重要的工程、结构很难一概而论，在此只原则性提出，没有指明哪一级工程，哪一种结构。

过滤准则很复杂，对其研究已有40多年的历史。总的看来，静荷单向水流下的过滤准则较为成熟，动荷或双向水流下的过滤准则还处于研究阶段。在此提出的三方面要求[式(5.2.2-1)~式(5.2.2-3)]主要针对静荷单向水流，即水总是从被保护土体流入土工合成材料的情况。

对静荷单向水流下的挡土准则，具有代表性且在国内工程中应用较多的是美国陆军工程师团准则（也称Calhoun准则）、Giround准则和德国土力学及基础工程学会准则（也称Heerteen准则）。三个准则一种比一种考虑的因素更多，更为周到合理。Calhoun准则只将土简单地分为粗粒土和黏粒土，用织物孔径和土颗粒径的大小对比来建立挡土准则；Giround准则考虑了被保护土颗粒级配情况和紧密情况；Heerteen准则则将被保护土分为有问题土和稳定土两大类，并考虑原土粒级配情况。这三个准则中，Calhoun准则简单，物理概念明确，在我国工程中得到广泛使用。由于其一方面假定被保护土都是均质的（不均匀系数$C_u<2$），没有考虑被保护土层可能形成天然滤层，在设计上偏于安全和保守，国内许多工程的实践经验认为在挡土方面是可靠的；另一方面，其土类的划分标准与我国现行土工试验规程划分标准较一致，织物的等效孔径试验方法和取值与我国多数部门或工程实践采用的方法、取值相近和相

同。基于简单、便于应用、安全可靠、便于与现行方法标准衔接几个方面考虑，条文选取 Calhoun 准则作为挡土准则。

挡土是挡住起骨架作用的土粒不流失，而细的土粒(15%左右)应通过织物孔眼流走。但事实上，由于织物孔眼的拱效应、细粒形成土团，以及高分子聚合物强烈带电作用，土颗粒往往被堵在孔眼前(淤塞 clogging)，或吸附在纤维上(淤阻 blocking)，或者形成土饼(淤闭 blinding)完全阻住了水流的通过。

挡土和透水是一对矛盾，土工织物的选择是在挡土和透水之间寻求合理的平衡，根据材料的应用场合和所起的主要作用有所侧重。在过滤中，维持长期的透水性是最难的，而挡土的要求则较易达到。故各国的过滤准则中有将孔径加大的趋势。

n 值主要与被保护土类型、级配、土工织物品种及所处工作状态有关。《水利水电工程土工合成材料应用技术规范》(SL/T 225—1998)的 *n* 值取值见表 5-2。

系数 *n* 的取值 表 5-2

被保护土细粒($d \leqslant 0.075$mm)含量(%)	土的不均匀系数，或土工织物品种		*n* 值
≤50%	$2 > C_u, C_u > 8$		1
	$4 \geqslant C_u > 2$		$0.5C_u$
	$8 > C_u > 4$		$8/C_u$
>50%	有纺织物	$O_{95} \leqslant 0.3$mm	1
	无纺织物		1.8

大孔径滤层反滤系统的渗透稳定性研究表明，*n* 值在 3~7 的范围内，渗透系统挡土效果良好且不易发生淤堵。公路路基填筑土常常由不同粒径材料组成，发生少量的细颗粒流失一般不会影响路基结构的稳定性，因此，对于公路结构，可以适当增大土工织物的孔径。但对粉土等较为均匀的细颗粒材料，在选择滤层材料时应谨慎或增加一定厚度的砂砾料保护层，以防止被保护土流失。

在透水准则方面，目前常见的有两种表达方式。其一是以等效孔径和特征粒径表示的准则，要求织物的孔径大于某一数值，如 $O_{95} > d_{15}$；其二是以渗透系数表示的准则，要求织物的渗透系数 k_g 大于土渗透系数 k_s 的与某一系数的乘积，如 $k_g > Ak_s$。FHWA 取 $A = 1 \sim 10$，法国土工织物与土工膜委员会取 $A = (10^3 \sim 10^5)T_g$（T_g 为织物厚度，m）。郭庆国（1992）研究了三种土工织物渗透系数随压力的变化，得出压力由 0 ~ 1600kPa，渗透系数平均降低到原来的 1/14.8。综合分析各研究情况，参考《土工合成材料应用技术规范 GB 50290—98》的规定，认为对新的土工织物取 $k_g > 10k_s$ 比较合适。

杨光煦（2009）提出：$k_g > 10i_s k_s$，i_s 为临近滤层被保护土中的渗流坡降，其取值见表 5-3。

不同部位的渗流坡降 i_s 值 表 5-3

应用部位	排水边坡	路面边缘排水、地下隧道排水	垂直墙排水，填土溶滤液收集、分离、转移及析出系统	均匀黏性土堤坝，海岸线保护、防汛抢险
i_s 值	≤1.0	1.0	1.5	10

在淤堵准则方面，美国陆军工程师团曾利用不同种类的无黏性土和土工织物进行了梯度比试验，得出 GR≤3 的梯度比准则。随着国内外研究的进一步深入，一些研究人员对具体的取值及试验结果的实用性等提出异议。较多观点认为，GR = 3 太大，因为在实际工程中，GR 值很少大于 1.5（陆士强等，1994）。研究表明，土和土工织物共同组成了一个平衡的反滤系统，而不是织物单独起作用，少量细颗粒的流失是允许的（包承纲，2008）。为此，本规范对梯度比采用了 1.5 ~ 3.0。

对动荷载及双向水流下的过滤准则，尽管也提出了一些研究成果，但由于其受力条件及水流情况的复杂性，始终未得出比较通用的过滤准则。一般认为，由于这两种情况使土工织物所处环境更为恶劣，对织物滤层的要求应更为严格，而且以采用较厚的无纺织物并与砂层相结合的措施较为合适。

对公路工程而言，双向水流情况较少（一般仅在沿河护坡工程及沿河挡土工程中遇到），动荷作用也不大，因此，没单独提出要求。在沿河挡护工程中，土工织物滤层不会单一暴露在外，其上往往有块石或混凝土块覆盖层。据王殿武（1992）的研究结果，在此条件下，可取 $O_{90} < (2.5 \sim 10)d_{90}$。这一要求比

Calhoun 准则要求还宽松些。因此,对公路工程中的双向水流情况,静荷单向水流的过滤准则也可参考采用。

用于过滤的土工织物埋设于土中,要承受一定的土压力;在施工过程中,还可能遭受到损伤。因此,所选择的滤材需要具有必要的强度。

土工织物的强度往往与其厚度有关,织物越厚,强度越高,但渗透性降低。因此,织物强度与渗透性需合理匹配。一般情况下,土工织物单位面积质量控制在 140g/m^2 左右比较合适,其抗拉强度大致为 4kN/m,极限伸长率在 20%左右。

5.2.3 在处治冒泥翻浆或季节性冻融翻浆工程中应用土工织物时,应在土工织物上铺设 10~20cm 中粗砂保护层,在其下铺设 5~10cm 的中粗砂垫层,提高过滤效果。砂层间的土工织物除应满足 5.2.2 条要求外,其孔径尚应满足式(5.2.3)的要求:

$$反滤均匀:O_{95} \leqslant 2d_{50} \quad (5.2.3)$$

单纯铺设一层土工织物,在动荷作用下,不能阻止地基中的细粒上升,因此,多采用在土工织物上下铺设一层砂保护层和砂垫层。我国铁道科学研究院杨灿文等根据我国南方各省的 20 多个试验段结果,就"应用聚合材料防止路基基床翻浆冒泥的原则和技术条件",对织物滤层设计提出了如下准则:

$$防止管涌:O_{95} < d_{85}$$

$$保证渗透:d_{95} > d_{15}$$

$$反滤均匀:O_{95} < 2d_{50}$$

公路动载往往比铁路小得多,在此引入其反滤均匀的要求,是偏于安全的。

5.3 排水设计

5.3.1 应根据排水需求、土工合成材料的排水能力以及与其配合的其他排水材料的排水能力,综合确定排水体的断面尺寸。排水体的位置、布置方式、结构形式等应根据相应规范进行设计。

在排水体中，一些土工合成材料主要起排水的作用（如复合排水材料），一些土工合成材料（如外包暗沟、渗沟的土工织物）主要起过滤作用，应满足过滤准则的要求。排水体的位置、布置方式、材料、结构形式等应参照相应规范进行设计，符合相应条款的要求。

5.3.2 土工合成材料强度应满足现行《公路工程土工合成材料　排水材料》（JT/T 665）的要求。应根据其埋设深度和承受荷载，选用相应的规格。在实际荷载作用下，土工合成材料排水截面最大压缩率应小于15%。

《公路工程土工合成材料　排水材料》（JT/T 665—2006）对土工排水材料的相关参数做出了明确的规定，设计人员可以根据排水量、埋设深度等要求，选择合适的土工排水材料。

土工排水材料在受力时，截面会产生压缩，一方面造成排水断面减小，另一方面，在长期荷载作用下，还可能造成结构损坏。因此，对截面压缩率做出了规定。

土工合成排水材料生产厂家通常会提供不同截面压缩率下的承受压力和通水量指标，设计时可根据实际情况选用。

5.3.3 土工织物包裹的碎石暗沟与渗沟，以及包裹的带孔塑料管、波纹管、混凝土管、钢管等，其尺寸以及布置方式、间距、坡度等，应根据具体的渗入水量、水力梯度、碎石暗沟或渗沟的渗透系数按相关规范的有关规定确定，外包的土工织物应满足5.2.2条的要求。

土工织物包裹碎石作为排水暗沟或渗沟、包裹带孔管件作为排水暗沟时，主要起过滤作用，代替传统的砂砾过滤层。因此，一方面，暗沟或渗沟的尺寸、布设方式、间距、坡度等不能因设置了土工织物而改变，仍应按相关规范的相应条款进行设计确定；另一方面，要求外包织物满足过滤准则要求。

5.3.4　外包土工织物的带孔塑料管、波纹管、混凝土管、钢管等管件及透水软管，其排水安全系数 F_b 应满足式(5.3.4)的要求。

$$F_b = \frac{Q_c}{Q} \geqslant 2.0 \sim 5.0 \qquad (5.3.4)$$

式中：F_b——安全系数，对能清淤的管道，F_b 取较小值，对难以清淤的管道，F_b 取较大值；

Q——需要排出的水流量(m^3/s)；

Q_c——管件的排水能力，即能排出的水流量(m^3/s)，其值取渗入管内的水流量 q_e 和管件的排水流量 q_t 两者中的小者。

带孔管件的排水能力取决于可渗入管内的流量 q_e 和管件的排水流量 q_t。前者与管的长度、断面周长以及管壁上开孔的多少有关，后者与管的断面积(口径)、坡度有关，两者中的小者决定了带孔管件的排水能力。

由于管壁非完全透水，存在阻水效应，因此，在计算渗入流量时需将管外径 d 换算为管壁完全透水的有效管径 d_{ef}。John(1987)提出 d_{ef} 与 d 间存在 $d_{ef} = d\exp(-2\pi\alpha)$ 的近似关系。土工织物包裹于管件外，一方面起到了过滤作用，但另一方面也起到一定的阻水作用，使已存在的阻水效应加强，加强的程度主要与织物的透水率有关。无因次流入阻力系数 α 反映了阻水效应的影响，表5-4为John提出的各种管件的阻力系数 α 值。对外包了土工织物的管件，α 值为0.1~0.2。为适应更宽的范围，一般取0.1~0.3，当土工织物渗透系数较大时取小值，渗透系数较小时取大值。由于表中所列情况不全，国内外所进行的有关测试也不多，故有条件时，可通过渗透试验确定所选用的外包土工织物带孔管件的渗入水量或阻力系数。

阻力系数 α　　表5-4

管类型	α
瓦管	1.6~2.3
光滑塑料管(无包裹)	0.4~2.6
波纹塑料管(无包裹)	0.02~0.04
波纹塑料管(内填 d=2mm 砾)	0.02~0.04

续上表

管类型	α
波纹塑料管(外包薄热粘土工织物)	0.1~0.15
波纹塑料管(外包机械黏合土工织物)	0.2
波纹塑料管(外包棕皮)	0.2
波纹塑料管(外包泥炭)	0.3

渗入管内的水流量 q_e 通常按式(5-1)计算。

$$q_e = \pi K_S d_{ef} L \tag{5-1}$$

式中:K_S——土的渗透系数(m/s);

d_{ef}——有效管径(m);

$$d_{ef} = d\exp(-2\pi\alpha)$$

d——排水管外径;

α——无因次流入阻力系数;

L——排水管长度(m)。

管件的排水流量 q_t 通常按式(5-2)计算。

$$q_t = vA \tag{5-2}$$

式中: v——水流的流速(m/s),对开孔的光滑塑料管,可按 $v = 198.2R^{0.714}i^{0.572}$ 计算,对波纹塑料管,可按 $v = 71R^{2/3}i^{1/2}$ 计算;

R、i——分别为水力半径和水力坡度;

A——管件的排水断面积(m^2)。

当确定了外包土工织物带孔管件的排水能力后,便可根据当地的水文地质条件、设计确定布设方式和间距等。

5.3.5 用塑料排水带插入软土地基,加速地基排水固结时,其设计应按现行《公路路基设计规范》(JTG D30)的相应条款执行。

5.3.6 将土工织物或塑料排水板(带)等土工复合排水材料水平放置,排除地基土固结水或其他水流时,排水材料应贯穿路堤底部,并保持一定的坡度,如图 5.3.6 所示。

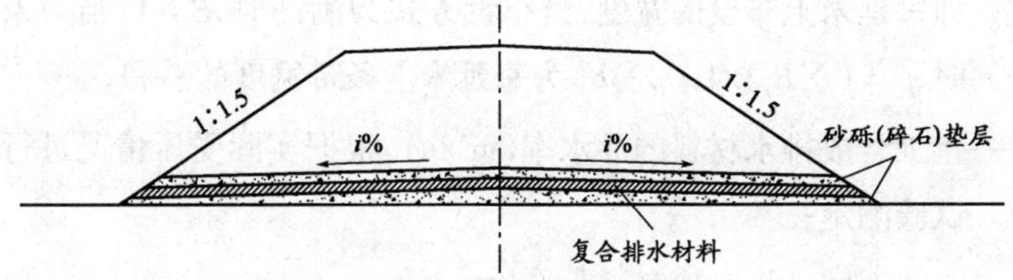

图 5.3.6 土工合成材料用于软弱地基顶部排水

1 在平面上,可采用平行排列式或鱼刺式方式进行铺设,也可满铺。在纵面上,可一层铺设,也可采用间隔的方式两层甚至多层铺设;当软弱地基厚度大,需要排除的固结水较多时,应和砂砾(碎石)排水垫层等排水措施联合应用。

2 铺设的数量应根据地基固结排出的水量确定,并应满足式(5.3.6)的要求。

$$q_c \geqslant kq \tag{5.3.6}$$

式中:q——垂直于水渗流方向,每延米需排出的水流量(m^3/s);

q_c——土工织物、塑料排水板(带)等土工复合排水材料出水断面每延米的排水能力(m^3/s);

k——安全系数,取 1.5 ~ 2.0,对于易淤堵和较重要的使用场合,取较大值。

由于土工织物的厚度不大,受压后变得更薄,故当渗流是沿着土工织物平面进行时,排水能力较弱。因此,在应用中,土工织物往往与其他排水材料(如砂层)配合共同起排水作用。

复合排水材料排水能力取决于滤材的集水能力 Q_j 与芯材的排水能力 Q_p 两个方面。当 $Q_j < Q_p$ 时,复合排水材料的能力取决于滤材的集水能力,反之,取决于芯材的排水能力。在选择复合排水材料时需要综合考虑以上因素。

土工合成排水材料出水断面每延米的排水能力 q_c 通常按式(5-3)计算:

$$q_c = \beta \frac{\Delta h_g}{L_G} \frac{\theta_G}{F_d} \tag{5-3}$$

式中：β——土工织物、排水板、长丝热粘排水体等排水材料的布设方式系数，即每延米上布设的宽度，当布设方式为满铺时，$\beta=1$；当为条带式时，$\beta=(\sum B_i)/1.0$，$\sum B_i$ 为每延米上条带宽度的总和；

θ_G——土工合成排水材料的导水率（m^3/s），根据实际受压情况进行通水试验测定；

L_G——水流方向土工合成材料长度（m）；

Δh_g——沿排水层长度 L_G 首末端的水头差（m）；

F_d——考虑淤堵的安全储备系数，一般取 $F_d=5\sim10$，有条件时，可根据试验结果由淤堵前后导水率的比值确定。

土工合成排水材料的导水率 θ_G 应满足下式要求：

$$\theta_G \geqslant F_s\theta_r \tag{5-4}$$

式中：F_s——安全系数，一般取 3～5，重要工程取大值；

θ_r——要求的导水率。

土工织物、塑料排水板等土工合成材料的排水能力与所受压力和淤堵情况有较大关系。有试验指出（速宝玉，1990），当压应力达 50kPa 时，无纺织物的渗透系数与无压时相比可减小一半左右；当压应力达 300kPa 时，渗透系数为无压时的 1/6。Bucher（1982）针对单位面积质量为 270g/m^2 的聚酯针刺无纺织物和单位面积质量为 200g/m^2 的聚丙烯土工织物进行试验，结果为：压力由 10kPa 增加到 800kPa，两种织物的导水率 θ 分别降低了约 92% 和 80%。各种土工合成材料在不同压力下导水性能差异较大，因此，试验确定导水率指标时应考虑实际受压情况，得出较为可信的指标值。

淤堵造成渗透系数降低直接影响土工合成材料的排水能力。陶同康（1989）根据室内外织物滤层的淤堵试验结果得出，淤堵前后织物的渗透系数之比 $A=k_g/k_s$，一般小于 5；原联邦德国方修士研究所资料为 $A=1.3\sim88.9$，其中 $A<5$ 占 31.25%，$A=5\sim10$ 占 31.25%，$A=10\sim20$ 占 25%，$A>20$ 占 12.5%。综合各种情况，取安全储备系数 $F_d=5\sim10$ 以考虑淤堵对排水能力的影响。

5.3.7　单独将土工复合排水材料用于路基排水时,应根据场地条件、需要排除的水流量确定复合排水材料的尺寸、数量和位置。

1　用于挖方路基的路侧排水时,土工复合排水材料应沿路侧竖向铺设,如图5.3.7-1a)所示;用于填方区路基的路侧排水时,土工复合排水材料宜铺设在路面底基层或垫层底面以下的适当位置,并伸出边坡坡面,铺设坡度宜与路拱横坡一致,如图5.3.7-1b)所示。

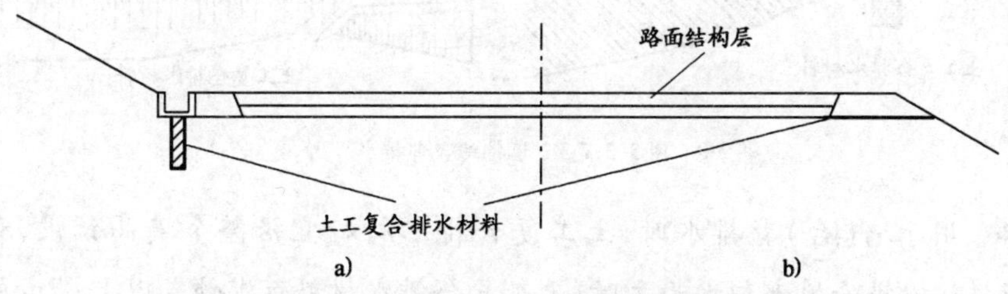

图5.3.7-1　挖方路段和填方路段路基路侧排水

2　用于路基顶部排除地下水或因负温差作用而积聚在路基上层的自由水时,应根据场地水位置或预计可能出水的位置确定土工复合排水材料具体范围、铺设宽度和间距,宜采用与路拱横坡一致的坡度,铺设方式可采用平行排列式或鱼刺式,如图5.3.7-2所示。

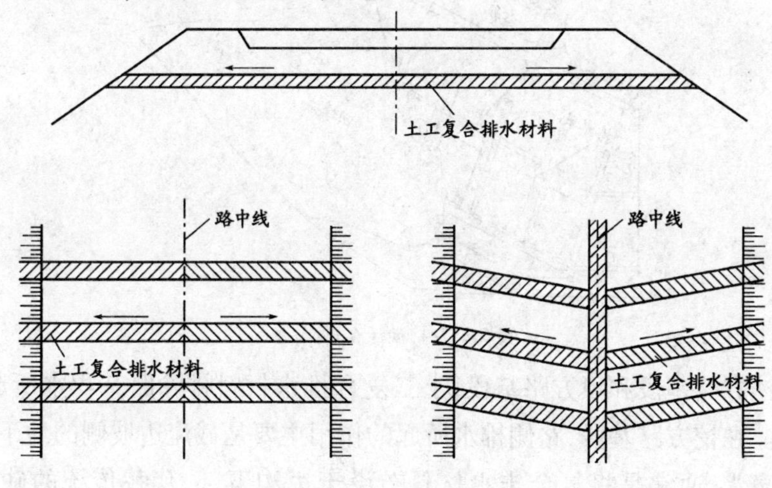

图5.3.7-2　路基顶部排水

3 用于填挖结合部排水时,土工复合排水材料应设置在地下水容易渗出的部位,布置方向应与渗水方向垂直,且应和路基其他排水设施相接,将水有效排出路基外,如图5.3.7-3所示。

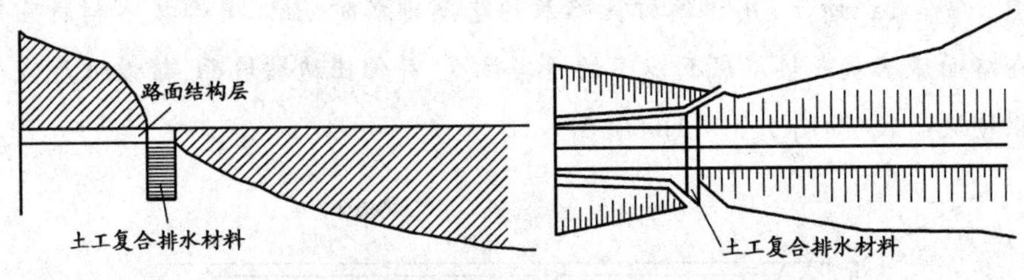

图5.3.7-3 填挖结合部排水

4 用于墙(台)背排水时,土工复合排水材料宜沿整个墙高铺设,如图5.3.7-4。以排除填土积水为主时,土工复合排水材料可满铺或以1~2m的间距沿墙(台)背布设;铺设时,土工复合排水材料应采取合适的方式固定于墙背。以排除地下渗流水为主时,应通过有关流量计算来确定排水材料的布设间距和数量。

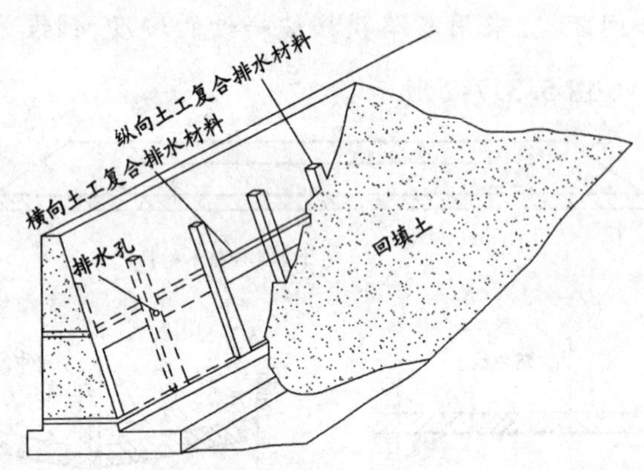

图5.3.7-4 墙(台)背排水

在挖方路基段和填方路基段,土工复合排水材料排除路基积水所起的作用不同。在挖方路基段,路侧排水所起的作用主要是截流边坡侧的地下水、滞留水或泉水,通常是将复合排水材料布设于边沟下部,代替传统的砂砾(碎石)盲沟或与传统的砂砾(碎石)盲沟配合使用。在填方路基段,路侧排水所起的作用主要是排除由于路面渗水或其他原因引起的路基内部多余积水，此时，复合排水材料通常布设在路面底基层或垫层以下位置。

由于负温差作用而积聚在路基上层的自由水、大气降雨的部分渗透水、潮湿路段路基水分的长期聚集，以及路基填挖结合部积水，对路基强度造成较大影响，引起路面早期破坏。在这些路段采用土工复合排水材料，可以起到良好的效果。

路基填挖结合部是产生积水的常见部位，应用复合排水材料是解决填挖结合部路基排水的较好途径。

在墙（台）背采用土工复合排水材料替代砂石反滤层（图5-1），施工方便、质量易于保证，而且效果良好，在国外应用较多，在国内也有应用实例。

图5-1　采用土工合成材料替代墙背排水反滤层

5.3.8　土工织物用于治理季节性冻融翻浆时，应埋设在路基冬季最大冻深线以下，并能够与其他排水结构配合形成完善的排水体系，及时排除地下水，保证冻深范围内路基处于干燥或中湿状态。最大冻深线应根据当地气候条件确定。

影响道路翻浆的主要原因有土质、水分、温度、行车荷载及路面结构等，其中水分、土质、温度是内因，行车荷载和路面结构是外因。翻浆的过程实质上是水在地基土中转移变化的过程。土工织物用于处治道路冻融翻浆主要起隔离和排水作用，能有效地切断下部向上的毛细水的迁移。王泽田、洪有纬（1989）的工程试验研究结果表明，最大含水率位置往往在路面下70～80cm

处，符合路基冬季最大聚冰层的位置，把土工织物设置于此位置下，可取得较好效果。

5.3.9 土工复合排水材料不宜弯折，在出现弯折的情况下，应对弯折部位的通水能力进行折减，并验算接头、转角部位排水体的通水能力。

土工复合排水材料在弯折的情况下，排水能力会下降。王波等(2009)所进行的试验得出：塑料排水板在弯曲率为40%时，排水能力下降50%左右；在弯曲率为50%时，排水能力下降60%左右。因此，土工复合排水材料不宜弯折。

5.4 防渗设计

5.4.1 土工合成材料可用于公路中央分隔带防渗、路肩底部防渗、排水结构防渗、坡面防渗等。防渗采用的土工合成材料，其规格和强度应满足现行《公路工程土工合成材料 防水材料》(JT/T 664)的要求。

5.4.2 用于公路中央分隔带防渗、路肩底部防渗、排水结构防渗的土工合成材料宜为"两布一膜"，对分隔带防渗与排水结构防渗，其规格宜为织物质量/膜厚/织物质量=200g/(0.5~1mm)/200g；对路肩底部防渗，膜厚可采用0.3mm。必要时，在土工合成材料铺设前，可铺设一层2~5cm厚的水泥砂浆找平层。

1 用于中央分隔带防渗时，应铺设于中央分隔带沟槽底部，并宜在中央分隔带护栏立柱打设后铺设，以免遭到破坏，如图5.4.2-1所示。

2 用于排水结构底部和侧边防渗时，应铺设于靠近路基侧或排水结构下侧位置，如图5.4.2-2所示。

3 用于土路肩底部防渗时，应铺设于土路肩底部；当土路肩外侧有挡土结构时，应预留排水出口。

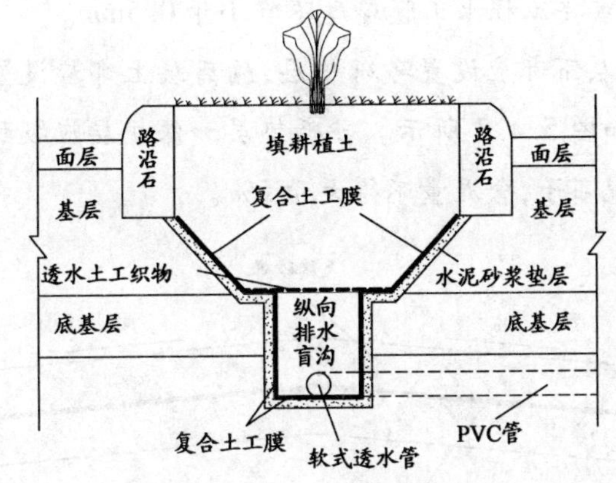

图 5.4.2-1　中央分隔带防渗

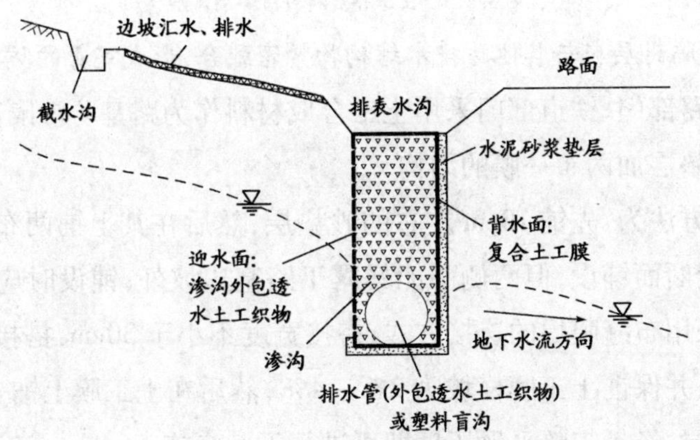

图 5.4.2-2　排水结构防渗

中央分隔带沟槽和排水结构物的防渗，主要是防止水分渗入路基，造成路基强度降低，一般不进行水力验算。在防渗材料选择上，土工膜、一布一膜或两布一膜均可满足防渗需要。但单纯的土工膜容易受施工和填料的影响造成损坏，需要设置垫层和保护层。从实际工程效果看，两布一膜对膜保护较好，还有一定的排水排气作用，因此，推荐采用两布一膜。

5.4.3　土工合成材料作路基防渗隔离层时，应符合以下要求：

1　防渗隔离层应采用复合土工膜等复合防水材料，一般工程土工膜厚度不应小于0.3mm,重要工程土工膜厚度不宜小于0.5mm。

2　防渗隔离层下部应设置砂砾垫层,隔离层上部应设置砂砾保护层,厚度均宜为10cm,如图5.4.3所示。砂砾垫层和保护层应级配良好,不得含有大粒径有棱角尖锐石子,含泥量不得大于5%。

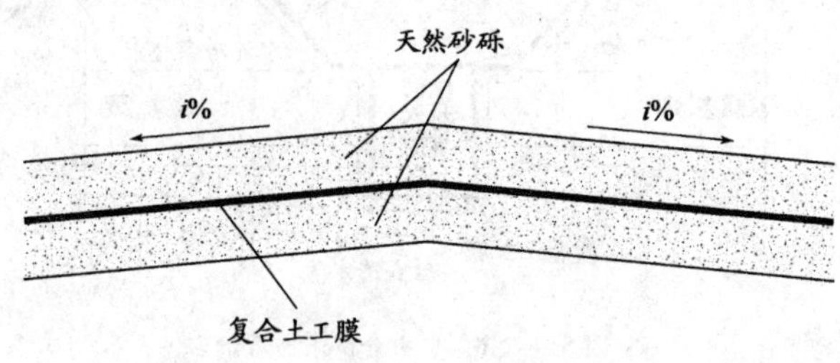

图5.4.3　土工合成材料防渗隔离层

3　防渗隔离层应与其他防排水结构物紧密配合,形成完善的防排水系统。

目前公路部门、铁道部门采用土工合成材料作为路基防渗隔离层时,基本采用了上下垫层加两布一膜的结构。

其铺设方法为:先铺10cm左右的砂垫层,然后在其上铺两布一膜复合土工膜,采用全断面铺设,但两侧不能暴露于路基边坡外,铺设时应使其平整无褶,连接时采用布缝膜焊的连接方式,搭接宽度不小于30cm,搭接时应使高端压在低端上,并保证土工膜横坡为2%~4%;然后在土工膜上铺一层10cm左右的砂保护层,经人工整平碾压后即可进行下一步施工。

防渗隔离层设置不当,会引起新的路基病害,因此,需要根据工程特点及场地情况,确定合理的处治位置,并形成较为完善的防排水系统。

当采用土工膜作为承压水防渗层时,需要进行结构物的防渗设计。公路工程中,需要进行承压水防渗的情况不多,相关的研究也很少。防渗设计有水力学方面和结构方面的要求,我国《土工合成材料应用技术规范》(GB 50290—98)、《水利水电工程土工合成材料应用技术规范》(SL/T 225—1998)对承压水防渗有较为详细的规定,使用时可以参照。防渗结构一般包括防渗材料的上垫层、下垫层、上垫层上部的防护层、下垫层下部的支持层和排水、排气设施,如图5-2所示。

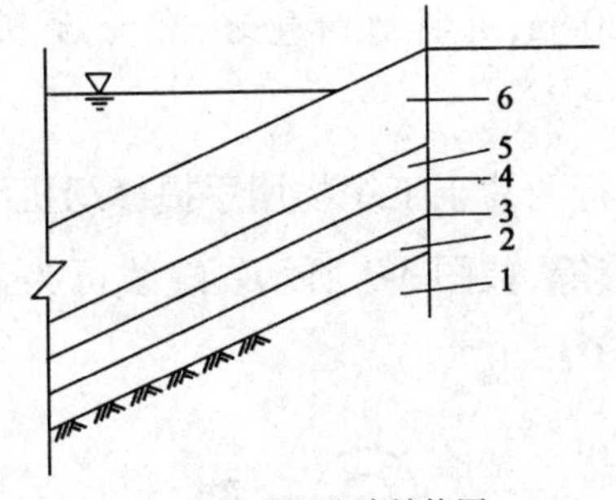

图 5-2　典型防渗结构图

1-坝体;2-支持层;3-下垫层;4-土工膜;5-上垫层;6-防护层

5.5 施工要点

5.5.1　土工合成材料的储存应避光防潮,应根据工程进度情况,分批适量取用。

土工合成材料在日光直接照射下易老化,影响材料的性能,因此,要求放置于不被阳光直接照射和不被雨水淋湿的地点,并根据工程进度,确定当日用量,适量取用,以减少影响。

5.5.2　应根据功能要求、工程结构和施工条件,确定土工合成材料的长度、幅宽,施工前应做好剪裁和连接工作。

1　土工织物连接可采用缝合法或搭接法。缝合宽度不应小于 10cm,结合处抗拉强度应达到土工织物极限抗拉强度的 60% 以上;搭接宽度不应小于 30cm。

2　土工膜连接宜采用有热熔焊接法,局部修补也可采用胶黏法,连接宽度不宜小于 10cm。正式拼接前应进行试拼接,采用的胶料应在遇水后不溶解。

3　软式透水管的连接可采用绑扎法,接头处外包的土工织物应相互覆盖。

4　土工复合排水材料的连接可采用芯材插接、搭接以及专用连接构件等方法,搭接长度应大于20cm,并将滤材包好、裹紧后,用镀锌细铁丝或尼龙绳绑扎牢固。

土工织物的缝合是将两片土工织物用手提缝纫机缝起来。缝合形式有平接缝、丁形接缝和蝶形缝等,如图5-3所示。缝线可为1道、两道甚至3道,其中以蝶形强度最高。

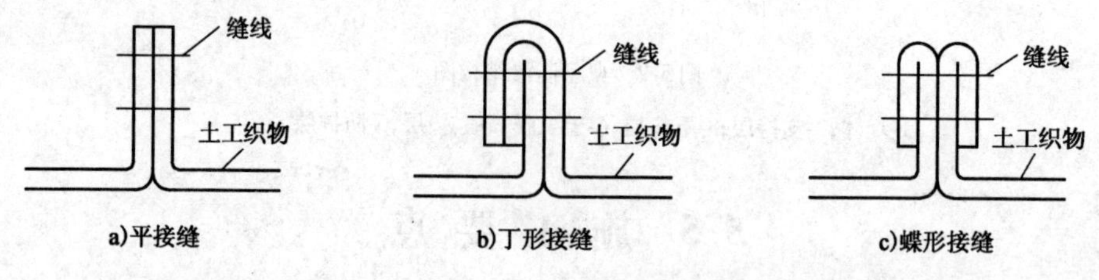

图5-3　土工织物缝接方式

土工膜的连接有热熔焊接法和胶黏法。热熔焊接法焊缝抗拉强度较高,质量易于保障,应用较普遍。胶黏法多用于局部修补。为保障拼接质量,提出了条文的要求。

软式透水管的绑扎一般采用如图5-4所示的形式。

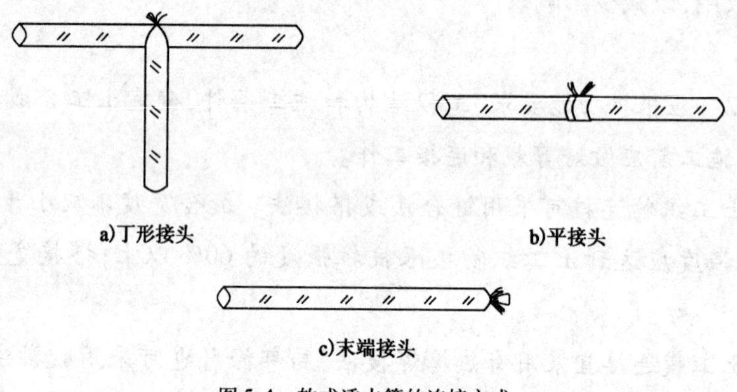

图5-4　软式透水管的连接方式

5.5.3　土工合成材料的铺设应平顺,严禁出现扭结、断裂和撕破土工膜等现象。铺设时可适当拉紧,两端埋入土体部分应成波纹状;与刚性结构连接时,应留有一定伸缩量。

5.5.4　在坡面上铺设土工合成材料时,宜自上而下铺设并就地连接;土工合成材料应紧贴被保护层,不宜拉得过紧。

5.5.5　应采取以下措施加强施工期土工合成材料的保护:

1　铺设土工合成材料前,应平整场地,清理树根、灌木或尖石等场地杂物。

2　施工车辆不得直接在土工合成材料上作业,可采取先碾压、后挖槽铺设等措施减小施工车辆荷载的影响。

3　土工合成材料上方填石料时,应在保护层完成后再填筑,严禁将石料直接抛落于土工合成材料上。

5.5.6　当施工中发现土工合成材料被破坏时应及时修补,修补应满足5.5.2条土工合成材料连接的要求。

6 路基防护

6.1 一般规定

6.1.1 土工合成材料坡面防护可采用三维土工网、平面土工网、土工格栅、土工格室、植生袋。沿河和库海岸路基冲刷防护可采用土工织物软体沉排、土工模袋等。土工格栅喷射混凝土坡面防护可用于低等级公路边坡防护。

路基防护主要包括坡面防护与冲刷防护。路基设计规范中规定坡面防护可采用种草、铺草皮、植树等防护措施;冲刷防护可采用挡土墙、石砌护坡、石笼、抛石等防护措施。

土工合成材料应用于路基坡面防护主要有锚固土工合成材料的生态防护和锚固土工格栅的喷射混凝土防护两类形式,应用于沿河、水库和海岸路基的冲刷防护主要有土工织物软体沉排防护和土工模袋防护两类形式。

用于坡面生态防护的土工合成材料种类较多,主要有三维土工网、平面土工网、土工格栅、土工格室、植生袋等。在应用形式上,是将土工合成材料挂设于坡面,然后培土,实现坡面生态防护。其分别适用于不同坡率、不同岩性的边坡。

土工格栅喷射混凝土坡面防护是采用土工格栅代替传统钢筋网的喷射混凝土坡面防护技术。与钢筋网喷射混凝土坡面防护相比,其具有人工费用低、挂网工效高(仅为挂钢筋网所需工时的1/4~1/5),土工格栅可以根据使用范围大小、形状,随意剪切使用,适应性强等特点。由于我国公路工程倡导边坡生态防护,因此,在本规范中,将其限定在低等级公路边坡防护中采用。

6.1.2 当需要考虑紫外线影响时,应进行土工合成材料抗老化性能检验,室内紫外线辐射强度为 550W/m^2 照射 150h,强度保持率应大于 80%。当需要考虑土工合成材料受力时,应进行强度折减,强度折减系数可按表 6.1.2 取用。

路基防护工程土工合成材料强度折减系数 表 6.1.2

材料	聚酯	聚丙烯	聚乙烯
折减系数	1.5~2.5	2.0~3.0	1.5~3.0

注:环境对土工合成材料强度影响较大时,取高值,反之取低值。

实际情况下,土工格室回填土后,其大部分埋于土中;边坡绿化往往采用草灌结合进行植被绿化,随着植物的生长,三维土工网、土工格栅、土工格室受到的紫外线影响会减弱。重庆交通科研设计院于 2006 年,在通车 3 年的重庆—合川高速公路和重庆—綦江高速公路上,对边坡绿化防护采用的三维土工网、土工格栅现场取样进行室内拉伸试验,获得其强度情况(表 6-1),强度保持率基本在 80% 左右,相当于折减系数为 1.25。

重庆高速公路部分边坡实际应用老化取样试验结果 表 6-1

材料类型	覆盖情况	强度保持率(%)
三维土工网	裸露	67.7~73.3
	上有 1cm 覆盖土,并有植物覆盖	79.2
	半裸露	74.8
双向土工格栅	裸露	87.4
平面土工网	裸露	69.0
单向土工格栅	裸露	81.7

我国《公路工程土工合成材料 土工格栅》(JT/T 480—2002)、《公路工程土工合成材料 土工网》(JT/T 513—2004)、《公路工程土工合成材料 土工格室》(JT/T 516—2004)提出:在紫外线辐射强度为 550W/m^2 照射 150h 条件下,光老化等级应符合表 6-2 的规定。

对需要考虑紫外线影响的土工合成材料应用场合,如边坡生态防护工程,考虑到实际应用条件,条文采用了表 6-2 光老化等级为Ⅲ的要求。这与表 6-1 的结果也是比较吻合的。

土工合成材料光老化等级 表6-2

<table>
<tr><td colspan="2">光老化等级</td><td>Ⅰ</td><td>Ⅱ</td><td>Ⅲ</td><td>Ⅳ</td></tr>
<tr><td colspan="2">强度保持率(%)</td><td><50</td><td>50~80</td><td>80~95</td><td>>95</td></tr>
<tr><td rowspan="2">塑料土工格栅</td><td>工程情况</td><td>无光老化要求</td><td>0.5~1年
临时工程</td><td>1~3年
施工期</td><td>3~8年
质保工程</td></tr>
<tr><td>炭黑含量(%)</td><td>—</td><td colspan="3">≥2.5±0.5</td></tr>
<tr><td>塑料土工网</td><td>炭黑含量(%)</td><td>—</td><td colspan="3">≥2.0±0.5</td></tr>
<tr><td>塑料土工格室</td><td>炭黑含量(%)</td><td colspan="2">—</td><td colspan="2">≥2.0±0.5</td></tr>
</table>

除土工格室生态防护外,其他生态防护措施中,土工合成材料受力很小,一般不进行受力分析计算。土工格室置于边坡上,长期受到格室内填土下滑力的作用,需要考虑其蠕变特性,对蠕变强度提出要求,并考虑紫外线对强度的影响。条文参考第4章加筋工程蠕变折减系数,并考虑紫外线老化因素,提出了表6.1.2所示的强度折减系数值。

6.2 坡面防护

6.2.1 坡面防护应在边坡稳定的前提下进行,应根据边坡坡率、岩土性质、施工工艺和防护目的,选用合适的土工合成材料。

6.2.2 土工合成材料可单独用于坡面生态防护,也可与钢筋混凝土框架或浆砌片石骨架共同进行坡面防护。用于坡面生态防护的土工合成材料可采用三维土工网、平面土工网、土工格栅等,其性能应满足表6.2.2-1~表6.2.2-3的要求。对一般护坡工程,土工格室焊距宜为40~68cm,格室高度宜为8~20cm,格室壁厚宜为1.2mm左右;平面土工网极限抗拉应大于5kN/m,土工格栅极限抗拉应大于25kN/m。

坡面生态防护三维土工网性能要求 表6.2.2-1

<table>
<tr><td rowspan="2">单位面积质量(g/m²)</td><td rowspan="2">厚度(mm)</td><td colspan="2">极限抗拉强度(kN/m)</td></tr>
<tr><td>纵向</td><td>横向</td></tr>
<tr><td>≥400</td><td>≥16</td><td>≥3.2</td><td>≥3.2</td></tr>
</table>

坡面生态防护土工格室片材性能要求　表 6.2.2-2

项　目	单　位	聚丙烯材料	聚乙烯材料
环境应力开裂 F_{50}	h	—	≥1000
低温脆化温度	℃	≤—23	≤-50
维卡软化温度	℃	≥142	≥112
氧化诱导时间	min	≥20	≥20

坡面生态防护土工格室性能要求　表 6.2.2-3

项　目		单　位	聚丙烯土工格室	聚乙烯土工格室
外　观		—	格室片应平整、无气泡、无沟痕	
格室片的极限抗拉强度		MPa	≥23	≥20
焊接处极限抗拉强度		kN/m	≥20	≥20
格室组间连接处抗拉强度	格室片边缘	kN/m	≥20	≥20
	格室片中间	kN/m	≥20	≥20

尽管各种坡面生态防护方法的施工各不相同,但却具有共同点,即首先需在坡面上营造植物生长所必需的土层条件,然后再采用液压喷播或撒播的方法植草。因此,应用于生态防护的土工合成材料应具有一定的强度。根据我国多条公路的实践经验,参照我国“公路工程土工合成材料系列标准”,确定了条文所示的坡面生态防护土工合成材料要求。

土工格室焊接点强度对护坡稳定性起控制作用。因此,施工前应对格室焊接点强度进行抽样测试。

6.2.3　三维土工网、平面土工网、土工格栅边坡生态防护可用于坡率不陡于1:0.75的土质边坡和强风化石质边坡,其结构形式如图6.2.3所示。三维土工网、平面土工网、土工格栅铺设时应平顺并紧贴坡面,并用锚钉固定于坡面上。锚钉宜采用 ϕ6~10mm 钢筋制作,长度宜为30~50cm,完整岩体边坡可取小值,土质及破碎岩体边坡宜取大值;竖向间距宜为1.0m,横向间距宜为1.0~1.5m。在坡上、下两端应各留不少于30cm,并用U形钉交错固定。搭接宽度应大于10cm,搭接部分可用尼龙绳或镀锌细铁丝连接,并用U形钉固定,土工格栅亦可用连接棒连接。

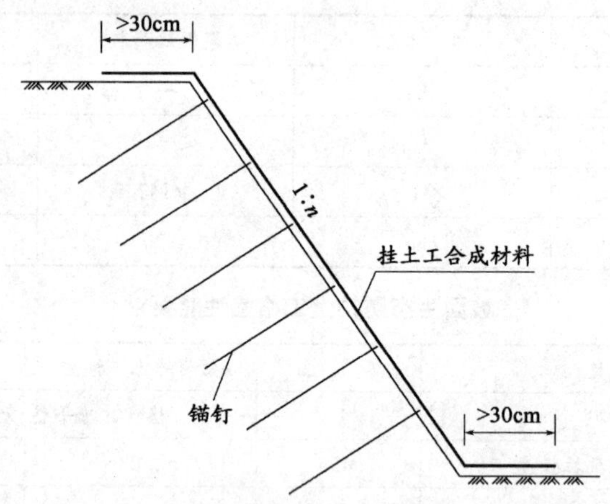

图6.2.3　三维土工网、平面土工网与土工格栅坡面生态防护结构形式

条文提出的有关要求是根据我国多条公路采用土工合成材料进行边坡生态防护的实践经验提出的。

除三维土工网、平面土工网、土工格栅、土工格室外,公路边坡生态防护工程中,还常采用植生袋生态防护技术。由于植生袋种类较多,新的形式也在不断出现,故未在条文中列出,可根据工程情况和条件采用。

植生袋制作的关键是草种植物配比。由于草种在批量订购生产时即已按既定的配比配制在植生袋内,无法在施工时根据现场边坡土质情况调整植物配比,所以草种配比应在植生袋制作前提供给厂家。植生袋装填的绿化基质可按5份土、2份河砂、3份泥炭土以及少量复合肥拌和,在边坡现场装袋,不得采用风化岩石粒料代替绿化基质。

植生袋边坡生态防护可用于坡率不陡于1:0.5的有混凝土框格梁边坡,其一般结构形式如图6-1所示。植生袋规格宜为40cm×50cm,可按实际情况调整。对坡率陡于1:1的边坡,应在植生袋外铺设镀锌铁丝网。当采用一层铁丝网难以保证植生袋稳定时,可采用两层铁丝网,也可采用一层铁丝网和一层钢筋条网的双层网结构。铁丝网和钢筋网应采用锚杆和膨胀螺钉固定,膨胀螺钉打设在框架上,间距宜为40~50cm;锚杆设置在框架范围以内,采用梅花形布置,间距宜为100~250cm;锚杆采用ϕ18mm的钢筋,ϕ38~42mm钻孔,孔内灌注M30砂浆进行固定,深入岩体的深度应大于50cm,外露部分应涂沥青防锈。

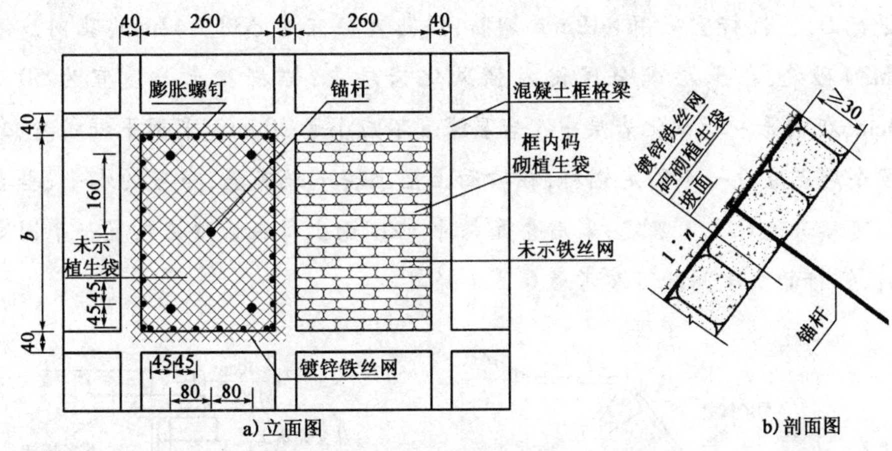

图6-1　植生袋生态防护结构示意图(尺寸单位:cm)

植生袋坡面生态防护的施工工序及其要求通常如下:

(1)人工清坡。清除坡面浮石和浮土,使植生袋和岩石表面紧密结合。每个框格内坡面起伏不宜超过8cm。

(2)施工坡面锚杆。锚杆施工的基本工序可为定位、成孔、压浆、设置锚杆。压浆要求砂浆应饱满,水泥砂浆应灌注至孔底,不得有里空外满的现象。

(3)码砌植生袋。植生袋码砌时应不溜塌和鼓出,码砌的坡面应平整,起伏不宜超过5cm。在码砌植生袋一段时间后,应检查植生袋的自然密实和滑落情况,当发现框格顶部的码砌植生袋出现沉陷缺口和滑落时,应及时填补植生袋使其密实。

(4)挂铁丝网并固定。挂铁丝时应拉紧铁丝网,铺平顺后固定在锚杆上,固定时应使铁丝网与植生袋面贴紧。在坡顶、坡脚处,铁丝网应伸出坡顶、坡脚20cm,且挖沟埋压固定。

(5)养护管理。

6.2.4 土工格室用于坡面生态防护时，每级坡高不应超过10m。当坡率缓于或等于1:0.75时，可采用平铺式；当坡率陡于1:0.75时，宜采用叠置式，土工格室叠置的宽度不得小于100cm，如图6.2.4所示。土工格室应采用锚杆进行固定，锚杆宜采用ϕ12mm钢筋，锚孔直径宜为ϕ38～42mm，孔内应灌注M30砂浆，在土层或全风化～强风化岩层中，锚杆入土深度宜为50～100cm，在中等～弱风化岩层中入岩层深度不应小于30cm。采用平铺式时，每隔3个焊点宜设一个固定锚杆，在坡面上呈上密下疏布置，布置的水平、垂直间距可参考表6.2.4确定；采用叠置式时，在断面上每级台阶应设置一个固定锚杆，锚杆的水平间距可参考表6.2.4确定。

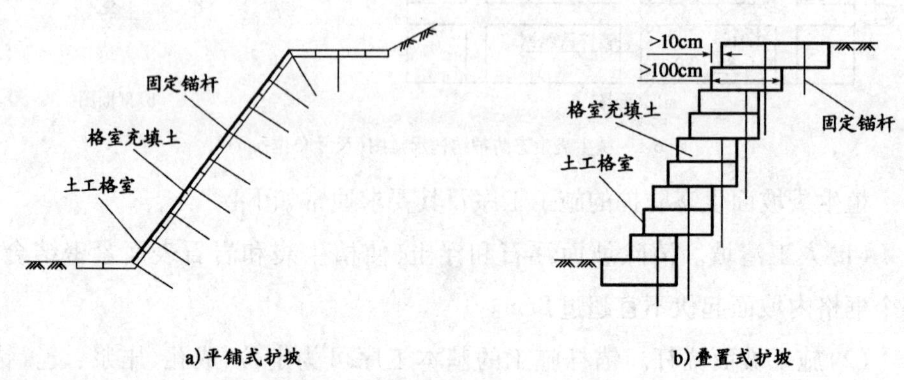

图6.2.4 土工格室坡面生态防护结构形式

土工格室锚杆锚固长度和布置间距 表6.2.4

边坡坡率与岩性		锚固长度(m)	竖直间距(m)	水平间距(m)
1:0.5	土质	0.75～1.0	0.75～1.0	1.0～1.5
	岩质	0.5～0.75	1.0～1.5	1.0～1.5
1:1.0	土质	0.5～0.75	1.0～1.5	1.5～2.0
	岩质	0.3～0.5	1.5～2.0	1.5～2.0
1:1.5	土质	0.5～0.75	1.5～2.0	1.5～2.0
	岩质	0.3～0.5	1.5～2.0	1.5～2.0

注：锚杆长度＝锚固长度＋格室高度。

条文给出的土工格室坡面生态防护形式、锚杆要求及其布置间距是根据多个工程应用实践得出的,一般情况下能保障土工格室的稳定性。当遇到特殊情况,需要进行稳定性分析时,固定锚杆布置的数量与长度可由土工格室—土系统的抗滑稳定性来确定,如图 6-2 所示。

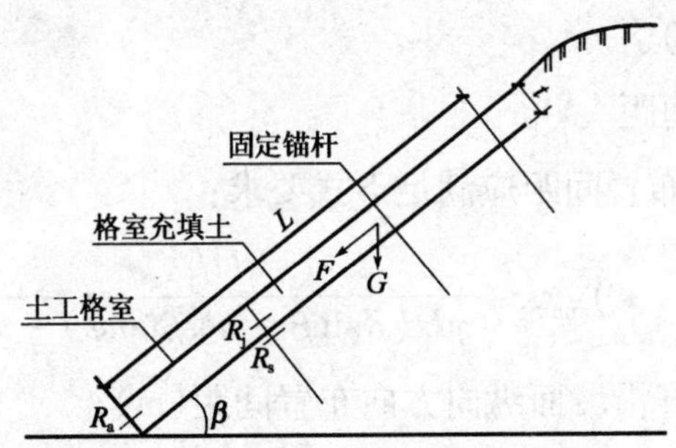

图 6-2 边坡坡面格室—土系统受力分析图

坡面土工格室防护体的稳定系数 K 按下式计算,要求 $K \geqslant 1.5$。

$$K = R/F \tag{6-1}$$

式中:R——坡面格室的总抗滑力(kN);

F——格室—土系统在坡面的下滑力(kN);

$$R = R_a + R_s + R_j$$

R_a——坡脚处土工格室提供的被动阻力或抗滑阻力(kN),根据边坡坡脚处固定状况(刚性支撑或锚固反压),按照极限平衡理论分析确定;

R_s——格室—土系统在坡面的抗滑力(kN);

$$R_s = \gamma L t \cos\beta \tan\varphi_s \tag{6-2}$$

R_j——固定锚杆传递的附加阻力(kN);当固定锚杆等间距布置时,R_j 可表示为:

$$R_j = t f_j L / d^2 \tag{6-3}$$

φ_s——格室—土系统与坡面基土的摩擦角,可取格室回填土内摩擦角 φ 的 0.5 倍,要求回填土使用振动板使之密实,压实度 $K \geqslant 85\%$;

d——固定锚杆间距(m);

f_j——土工格室焊接点抗拉强度(kPa/m);

L——坡长(m);

γ——格式回填土加土工格室的平均重度(kN/m³);

t——格室回填土的深度,与格室深度相同(m);

β——坡角(°)。

(1)固定锚杆间距

固定锚杆最大布置间距应满足下式要求:

$$(s、w)_{max} \leqslant \frac{Ltf_j}{\gamma Lt(K\sin\beta - \cos\beta\tan\varphi) - R_a} \tag{6-4}$$

式中:s——固定锚杆沿坡面纵向方向布置间距(m);

w——固定锚杆沿坡面横向方向布置间距(m);

其他符号意义同上。

(2)固定锚杆锚固长度

设固定锚杆总长为 h_s(m),锚固段长为 h(m),格室回填土的深度(与格室高度相同)为 t(m),固定锚杆钻孔的直径为 D(m)。

固定锚杆总长为 $h_s = h + t$,其中 h 为:

$$h = \sqrt{\frac{2sw(KF - R_a - R_s)}{\gamma LD\tan\beta}} \tag{6-5}$$

各符号意义同上。

(3)固定锚杆抗拔力

固定锚杆的极限抗拔力(T)取决于土层对于锚固段砂浆产生的最大摩阻力,最好进行现场拉拔试验确定,也可按下式计算。

$$T = \pi Dh\tau \tag{6-6}$$

式中:τ——锚固段周边砂浆与孔壁的平均抗剪强度(kPa)。

抗剪强度除取决于地层特性外,还与施工方法、灌浆质量等因素有关,最好进行现场拉拔试验确定,在没有试验条件的情况下,可按有关规范选用。

土工格室边坡生态防护的关键在于土工格室材料、格室锚固的长期质量,当这些质量难以保证时，易出现防护层溜塌破坏，如图6-3所示。

图6-3　格室长期强度足导致边坡防护失效

6.2.5　土工格栅喷射混凝土边坡防护可用于坡率为1:0.2～1:1.0的强风化和中等风化、节理裂隙发育、碎裂结构的岩质边坡，其结构形式如图6.2.5所示，材料性能应满足表6.2.5-1的要求。

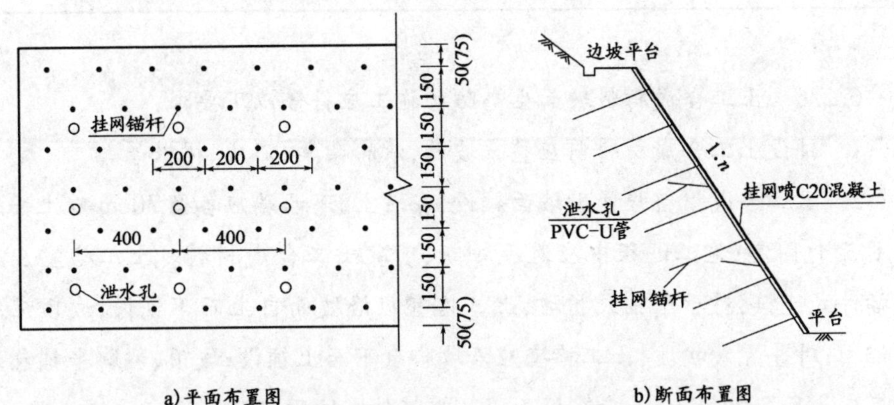

a)平面布置图　　b)断面布置图

图6.2.5　土工格栅喷射混凝土坡面防护结构形式(尺寸单位:cm)

土工格栅喷射混凝土坡面防护材料性能要求　　表6.2.5-1

材　料	要　求
土工格栅	双向拉伸格栅，网孔孔径不小于40mm，极限抗拉强度不小于30kN/m
喷射混凝土	C20～C30混凝土并加入速凝剂
锚杆	HRB335钢筋，直径16～22mm

1　锚杆宜采用梅花形布置，间距宜为100～200cm，护坡边缘部位锚杆应加密，锚杆进入稳定岩层内的深度不得小于50cm，岩层局部破碎地段，可根据围岩的具体情况，随机加设锚杆或加长锚杆；锚孔宜与坡面垂直，孔径以38～60mm为宜，孔深应大于设计锚固长度20cm，孔内应灌注M30水泥砂浆。

2　沿边坡纵向每隔15m应设置一条宽5cm的伸缩缝，缝内填塞沥青麻筋或泡沫板。应按设计要求在坡面喷射混凝土护层内设置泄水孔。

3　应按现行《公路路基设计规范》(JTG D30)划分边坡岩体类型，采用以边坡岩体类型分类为基础的工程类比法进行喷射混凝土设计，确定喷射混凝土层厚度。各级边坡岩体类型对应的喷射混凝土层厚度可参考表6.2.5-2取值。喷射混凝土设计强度等级宜为C20～C30，1d龄期的抗压强度不得低于5MPa。

边坡岩体类型与对应喷射混凝土层厚度　　表6.2.5-2

边坡岩体类型	Ⅰ	Ⅱ	Ⅲ	Ⅳ
喷射混凝土层厚度(cm)	5～8	8～10	10～12	12～15

6.2.6　土工合成材料坡面生态防护施工应符合以下要求：

1　铺设土工合成材料前应整平坡面，清除杂草、石块、树根等。

2　土工合成材料应紧贴坡面铺设，在坡上、下两端应各留30cm以上并采用U形钉固定；施工过程中应避免拉断、顶破土工合成材料。土工格室应采用插件式连接，对于平铺式护坡，土工格室应沿坡面自上而下铺设，坡顶应加强锚固；对叠置式护坡，土工格室应沿坡脚自下而上铺设；坡顶、坡脚平铺包边宽度宜为0.5～1.0m，并应夯填加固。锚杆外露坡面部分应进行防锈处理。

3　喷射客土应为土、肥料及含腐殖质土的混合物。回填土或喷射客土的厚度应满足设计要求，无网包外露、空包或压包现象。土工格室内回填土应使用振动板使之密实，靠近表面时应用潮湿的黏土回填，并应高出格室面1～2cm。

4　应将植物种子和附着剂、纸纤维、复合肥、保湿剂及水等按一定比例混合搅拌形成均匀混合液后，再采用专门的液压喷播技术喷播植物。

5 雨季施工，应加盖无纺织物或稻草、秸秆编织席，促进植物的发芽生长。覆盖物应在植物长出了3~5cm后除去。

6 应加强边坡防护的养护管理，保持植物全苗、齐苗，并应注意及时浇水、施肥和防治病虫害。

喷射混凝土作为一种支护形式在于它的及时性、黏结性、柔性和密封性。在设计施工中能否运用好这些特性是关系到支护力学效果与经济效果好坏的关键。

条文的边坡岩体类型按现行《公路路基设计规范》(JTG D30)进行分类。对于岩体完整的Ⅰ类边坡，可以不进行喷射混凝土防护。对喷射层进行的受力分析表明，喷射混凝土强度设计时应考虑它所承受的推力，当喷射混凝土层承受较大的边坡推力，土工格栅强度不足时，应采用挂钢筋网喷射混凝土，并应合理地设计锚杆。

6.2.7 土工格栅喷射混凝土坡面防护的施工工艺可参照挂钢筋网喷射混凝土坡面防护，并应满足以下要求：

1 防护工程施工前，应清除坡面上松动的岩块石及碎石、岩屑、浮土等杂物。当岩面有较大凹洼时，应采用C20混凝土嵌补，平整坡面；对局部不稳定的岩块应进行加固或清除；对较大的裂缝应进行灌浆或填缝处理。

2 锚杆施工定位应准确，水泥砂浆应灌注至孔底，压浆应饱满。锚杆出露部分应弯曲以固定土工格栅。

3 挂设土工格栅时，固定锚杆的砂浆强度应达到设计值的70%。土工格栅铺设应平顺，距坡面应不小于2cm。相邻土工格栅间应用铁丝相互连接并适当拉紧。

4 喷射的混凝土层应采用硅酸盐水泥或普通硅酸盐水泥。混凝土喷射前应清除边坡面岩粉，湿润坡面，确保坡面、混凝土、土工格栅间的牢固黏结。喷射作业应分段、分片、分层，由下而上进行，覆盖土工格栅的混凝土层厚度不得小于2cm,土工格栅及锚杆头不得外露,雨、雪、大风天气及气温低于5℃时不得进行喷射作业。

5 混凝土初凝后,应在常温下洒水养护。养护时间不宜少于5d,每天洒水不宜少于3次。在养生过程中如果发现剥落、外鼓、裂纹、局部潮湿、色泽不均等不良现象,应分析原因,采取补救措施。

为了使喷射混凝土与基层(岩层、混凝土层)及土工合成材料共同工作,其黏结强度特别重要。黏结强度受以下4个因素的影响:

(1)原始混合料的组成(结合料含量、细颗粒含量);

(2)喷射过程(撞击速度、回弹角、加水量);

(3)喷射基层的性质(纯度、粗糙度、强度);

(4)喷射混凝土与土工合成材料的黏结性能。

喷射混凝土回弹率主要受到原材料配合比、施工方法、喷射部位、一次喷层厚度等4个因素的影响。良好的级配与选择较小的粗集料尺寸有利于减少回弹。喷射施工时应使喷嘴与受喷面的距离适当,且喷射流的喷射压力合适,而且最好喷枪嘴垂直于受喷面,这时的回弹量最小。

向下向底板喷射时回弹率最小。一次喷层厚度对回弹的影响很大,当喷射料流开始与受喷面碰撞时,回弹率很大,特别是粗集料几乎都会被弹回,只有当形成一层5~10mm的砂浆塑性层后,粗集料才能被嵌入,回弹率才逐渐减小,当喷层厚度为50mm左右时,回弹率才稳定下来。

开始喷射时,应减小喷头至受喷面的距离,并调整喷射角度;控制好水灰比,保持混凝土表面平整,呈湿润光泽,无干斑或滑移流淌现象;喷射中,喷嘴应与岩面垂直,保持适当的距离和压力。如有脱落的石块或混凝土块被网格卡住时及时清除。保持覆盖土工格栅的厚度不小于2cm。

土工格栅及锚杆头不得外露,并做好喷层周围与未防护坡面的衔接封闭处理,防止水从缝隙侵入。雨、雪、大风天气及气温低于5℃时不得进行喷射作业。

土工格栅铺设应平顺,相邻两幅间应搭接,有效搭接宽度不小于10cm。

搭接位置及相邻4根锚杆中间应采用U形钢钉(ϕ6mm 钢筋)将土工格栅固定,同时要求在U形钢钉与坡面之间垫放厚度为3cm的小混凝土块,并用扎丝固定。

6.3 路基冲刷防护

6.3.1 土工织物软体沉排可用于水下工程及预计可能发生冲刷的路基坡面。可采用单片垫和双片垫两种结构形式。

冲刷防护有两种类型:一种是直接防护,以加固坡岸为主要措施;另一种为间接防护,以改变水流方向,降低流速,减少冲刷为主要措施。本规范主要针对前者,并在内容上沿用了原规范,仅在编排方面进行了局部调整。

土工织物软体沉排是在土工织物上以块石或预制混凝土块体为压重的护坡结构,常用的软体沉排有砂肋软体排、混凝土联锁块软体排、砂肋软体排与混凝土联锁块软体排相结合的混合软体排等,在沿河、库海岸路基防护中具有十分明显的作用。

单片垫是利用土工织物拼接成大面积的排体;双片垫是将两块单片垫重叠后按一定距离和形式将两片垫连接在一起而构成管状或格状空间,其中再填充透水性材料(如砂卵石等),起到防冲与反滤的作用。双片垫的结构形式如图6-4所示。

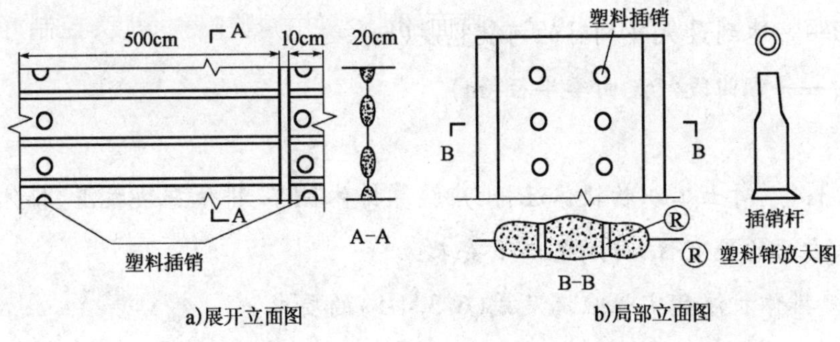

图6-4 双片垫形式

6.3.2 排体材料可采用编织型土工织物，其等效孔径 O_{95} 应满足式(5.2.2-1)的要求。排体材料应每隔30~50cm设一根用于加固排体和施工时牵引定位的尼龙绳。

排体材料应具有挡土功能，因此，要求其孔径满足等5章的挡土要求。

6.3.3 垂直于水流方向的排体宽度以枯水位为界，水上部分护坡宽度应根据平整后的坡面和用于固定的宽度确定；水下部分护坡宽度，应根据与水上排体连接、固定所需的排体宽度和主体宽度确定。顺水流方向排体的长度应根据需防护的路基边坡段长度确定。

$$b = F_1 C_1 C_2 \sqrt{1 + m_0^2}(\overline{H} + H_{\max}) \quad (6.3.3\text{-}1)$$

$$H_{\max} = H_m(\frac{2B}{R_m} + 1) \quad (6.3.3\text{-}2)$$

式中：b——主体宽度(m)；

C_1、C_2——排体的褶皱系数和收缩系数，宜取 $C_1 = 1.4$，$C_2 = 1.05$；

F_1——安全系数，取1.2；

$\overline{H}$——枯水位时的平均水深(m)；

$H_{\max}$——河床最大冲刷深度(m)；

m_0——水下冲刷稳定边坡坡度，宜取 $m_0 = 2.0 \sim 2.5$m；

H_m——计算断面冲刷前平均水深(m)；

B——达到最大冲刷时的河流宽度(m)；

R_m——弯曲段河流曲率半径(m)。

6.3.4 对土工织物软体沉排，应验算排体抗浮、排体压块抗滑、排体整体抗滑三方面的稳定性，并满足以下要求：

1 排体抗浮稳定性应满足式(6.3.4-1)的要求。

$$\Delta h_g \leqslant \frac{\gamma'_m}{\gamma_w} t_m \cos\alpha \quad (6.3.4\text{-}1)$$

式中：Δh_g——排体上下的水头差(m)；

γ'_m——排体连同压块在水上的重度(kN/m^3)；

γ_w——水的重度(kN/m^3)；

α——岸坡坡角(°)；

t_m——排体垂直于岸坡的厚度(m)。

2　排体压块抗滑稳定性应满足式(6.3.4-2)的要求。

$$F_2 = \frac{f_{cg}}{\tan\alpha} \geqslant 1.2 \tag{6.3.4-2}$$

式中：F_2——安全系数；

f_{cg}——压块与排体间的摩擦系数(在水下用水下值)；

α——岸坡坡角(°)。

3　排体整体抗滑稳定性应满足式(6.3.4-3)的要求。

$$F_3 = \frac{(\gamma_{cm} t_{cm} \cos\alpha - \Delta h_g \gamma_w) f_{sg}}{\gamma_{cm} t_{cm} \sin\alpha} \geqslant 1.2 \tag{6.3.4-3}$$

式中：F_3——安全系数；

γ_{cm}——排体连同压块扣除浮力影响后的平均有效重度(kN/m^3)；

t_{cm}——排体连同压块的总厚度(m)；

f_{sg}——排体与坡面的摩擦系数，在水下用水下值；

其余符号同式(6.3.4-1)。

土工织物软体沉排可能存在排体浮动、压块沿排体滑动、排体同压块整体沿坡面滑动三方面的稳定问题，因此，要求验算这三方面的稳定性。条文给出的稳定性计算式是根据极限平衡推导得到的。

6.3.5　土工织物软体沉排施工前，应平整坡面并压实，保证沉排与坡面接触良好；排体间搭接宽度不宜小于0.5m，并应按要求缝合；排面压重可采用人工施工或机械施工。

6.3.6　可根据图6.3.6选择土工模袋防护应用的主要场合及铺设形式。应用于护坡时,边坡的坡率不得陡于1:1;水下施工时,水流速度不宜大于1.5m/s。应根据工程要求和当地土质、地形、水文、经济与施工条件等进行模袋选型,根据出水流量选定模袋滤水点分布数量;当选用无滤水点模袋时,应增设渗水滤管。

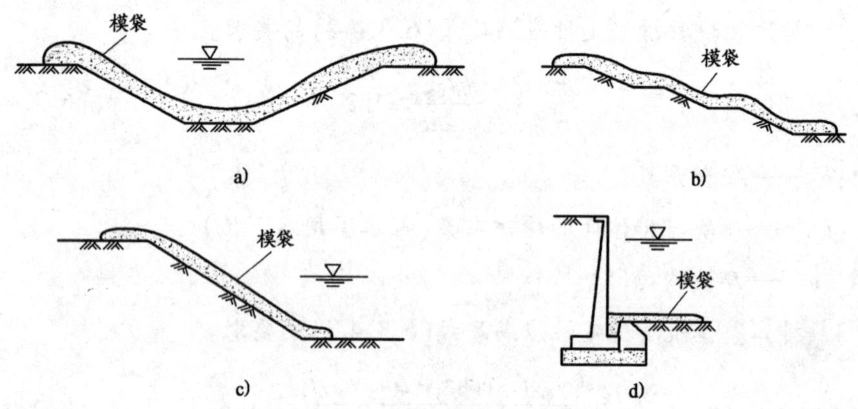

图6.3.6　土工模袋的应用及铺设形式

土工模袋防护是采用双层织物模袋,在袋中充填流动性混凝土或水泥砂浆或稀石混凝土,凝固后形成高强度和高刚度的硬结板块,起到冲刷防护的作用。其具有以下优点:

(1)强度高;

(2)抗冻性强(可耐-40℃低温);

(3)可以按工程要求预制成不同大小、不同厚度和各种几何形状;

(4)可以保证成型后块体紧贴地面,尤其适合于复杂起伏地形;

(5)可以水下施工,无须做围堰或断流。

充填流动性混凝土或水泥砂浆或稀石混凝土,虽然强度高,但由于刚性大,难以适应水流引起的地基变化,故近年来,已开始有在模袋内充填砂砾的工程应用。

坡面过陡,容易导致模袋失稳;在水下施工水流太快,容易导致模袋充填困难。为此,规定了适用的边坡坡率和水流速度要求。

土工模袋的品种有:有反滤排水点的模袋、无反滤排水点的模袋等品种,应根据工程要求、当地土质、地形、水文、经济与施工条件等进行模袋的选型。

模袋缝制应注意以下几点:

(1)每个模袋的尺寸应预留经纬向的收缩损失;

(2)注料口的数量与位置宜均匀分布;

(3)两块模袋相邻处应缝上宽50~100cm的防渗块。

6.3.7 土工模袋材料应满足表6.3.7-1的要求。充填混凝土时,混凝土粗集料最大粒径应符合表6.3.7-2的要求,坍落度不宜小于200mm,强度等级不得低于C10;充填砂浆时,砂浆强度等级不得低于M2.5。

土工模袋材料要求 表6.3.7-1

强度(N)	渗透系数(10^{-3}cm/s)	等效孔径 O_{95}(mm)	延伸率(%)
≥1500	0.86~10.0	0.07~0.15	≤15

混凝土粗集料的最大粒径要求 表6.3.7-2

土工模袋厚度(mm)	粗集料最大粒径 d(mm)
150~250	$d \leqslant 20$
≥250	$20 < d \leqslant 40$

充填材料通常采用混凝土和水泥砂浆,其强度不一定要求很高,在此规定混凝土达到C10,水泥砂浆达到M2.5。

6.3.8 模袋缝制应采用尼龙绳,每个模袋的尺寸应预留经纬向的收缩损失,注料口的数量与位置宜均匀分布。

6.3.9 土工模袋的厚度应考虑抵抗浮动力的要求;充填混凝土或砂浆时,应考虑抵抗弯曲应力的要求;对存在冰推力的情况,尚应考虑抵抗冰推力的要求。

1　抵抗浮动力所需土工模袋厚度 t_f 按式(6.3.9-1)确定。

$$t_f \geqslant 0.07 C_m H_w \sqrt[3]{\frac{L_w}{B}} \times \frac{\gamma_w}{\gamma_c - \gamma_w} \times \frac{\sqrt{1+m^2}}{m} \tag{6.3.9-1}$$

式中：C_m——面板系数，对无滤点板取1，有滤点板取1.5；

H_w、L_w——设计坡高和坡长(m)；

B——垂直水边线护坡面长度(m)；

γ_w——水的重度(kN/m^3)；

γ_c——充填料的重度(kN/m^3)；

m——岸坡坡角的余切，$m=\cot\alpha=2\sim5$。

2　抵抗弯曲应力所需土工模袋厚度 t_g 应按式(6.3.9-2)确定。

$$t_g \geqslant F_g \frac{0.287\gamma_c}{0.5\sqrt[3]{R^2}} a^2 \tag{6.3.9-2}$$

式中：R——充填料的抗压强度(kPa)；

a——假设模袋底架空面积为正方形时的边长(m)，取0.1～0.2m；

F_g——安全系数，取3.0；

γ_c——充填料的重度(kN/m^3)。

3　抵抗冰推力所需土工模袋厚度 t_c 应按式(6.3.9-3)确定。

$$t_c \geqslant \frac{\left[\frac{p_i t_i}{\sqrt{1+m^2}}(F_i m - f_{ps}) - H_1 c_{ps}\sqrt{1+m^2}\right]}{\gamma_c H_1 (1 + m f_{ps})} \tag{6.3.9-3}$$

式中：p_i——水平冰推力(kN/m^2)，设计时可取150kN/m^2；

t_i——冰层厚度(m)；

H_1——冰层以上护坡面的垂直高度(m)；

c_{ps}——护面与坡面之间的黏聚力(kPa)；

f_{ps}——护面与坡面之间的摩擦系数，可取0.5；

F_i——安全系数，取3.0；

其余符号同式(6.3.9-1)。

模袋要求具有一定的厚度以低抗护面局部架空时的弯曲应力、防止有风流时的护面浮动、抵抗水面结冰时的冰推力。采用的模袋厚度应不小于考虑这些方面影响确定的厚度最大值。

6.3.10 应按图6.3.10计算分析土工模袋沿坡面的滑动稳定性,稳定系数 F_{ts} 应满足式(6.3.10)的要求。

$$F_{ts}=\frac{T_R}{T_S}=\frac{L_3+L_2\cos\alpha}{L_2\sin\alpha}f_{GS}\geqslant 1.5 \tag{6.3.10}$$

式中:T_R、T_S——模袋沿坡面的抗滑力与下滑力(kN);

L_2、L_3——模袋在坡面、坡脚处的长度(m)。

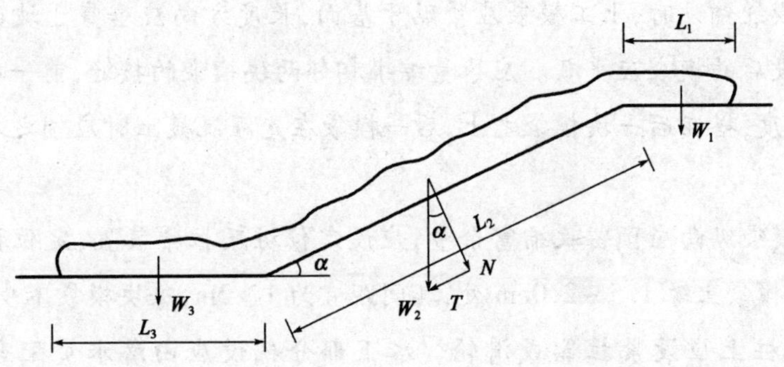

图6.3.10 模袋稳定性分析图

模袋置于坡面上,存在沿坡面滑动的可能性,因此要求分析模袋沿坡面的滑动稳定性。条文式(6.3.10)是根据极限平衡推导得出的。

6.3.11 土工模袋顶部宜采用浆砌块石保护或填土覆盖,对有地面径流的坡顶,应设截水沟或其他防止地表水侵蚀模袋下地基土的措施。库、海岸斜坡护岸,土工模袋底部应设压脚棱体或块体;河岸斜坡护岸,宜使土工模袋下端伸过设计冲刷线以下50cm,并用块石保护。土工模袋侧翼应开沟槽,将两侧土工模袋埋入沟槽中。相邻两块土工模袋接缝处，应垫设土工织物，土工织物与土工模袋搭接长度不应小于50cm。

6.3.12 模袋铺设前，应对坡面进行处理。土坡应按设计要求进行修坡，坡面应平顺，表面无树枝、植被、块石等杂物，并开挖好上、下锚固沟槽。抛石坡面应先按设计断面进行理坡，理坡后采用片石、碎石进行整平。

模袋施工前应进行坡面处理，保证坡面平整，以使土工模袋紧贴于坡面。

6.3.13 模袋铺设及充灌应按照先上游后下游、先深水后浅水、先标准断面后异形断面的次序进行，并满足以下要求：

1 模袋铺设时，土工模袋应紧贴于基面，长度方向应垂直于坡面或水流方向，铺设后的模袋应平顺。应尽量缩小相邻两块模袋的接缝，前一模袋宜预留一定长度，搭在后一块模袋之上，后一模袋在充灌混凝土时应辅之人工使之密实。

2 模袋纵向应预留收缩富余量，应设定位桩及拉紧装置，定位桩宜打设在坡顶距模袋上缘1.5~2.0cm处，其间距宜为1~2m，每块模袋不少于4根，每根定位桩上应设紧拉器或滑轮。水下部分铺设应由潜水员配合并进行检查。

3 模袋铺设后应及时充灌混凝土或砂浆，水上部分的模袋在充灌前应洒水润湿。充灌应从已充灌的相邻块处开始，每一充灌口应自下而上连续充灌，充灌速度应控制在10~15m^3/h范围内，出口压力以0.2~0.3MPa为宜。充灌接近饱满时，应暂停5~10min，待模袋中水分析出后，再充灌至饱满。

模袋充灌混凝土或砂浆的速度过快容易使其中的空气不易排出，过慢容易出现部分凝固现象。根据工程经验，条文给出了充灌速度范围。

6.3.14 充灌完成后,应及时用水将模袋表面和滤点孔内的灰渣清理干净,按1~1.5m的间距设渗水孔,如图6.3.14所示,并进行养护。

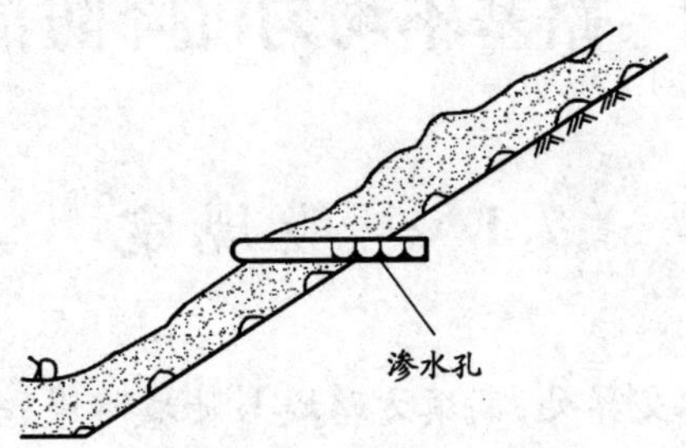

图6.3.14 模袋渗水孔布置

7 路基不均匀沉降防治

7.1 一般规定

7.1.1 路基填挖交界处、高填方路堤与陡坡路堤、软土地基路堤、软土地基不同处理方式交界处、改扩建公路新老路基结合处，以及路基与桥台构造物结合处等路段，可采用土工合成材料防治路基不均匀沉降。

采用土工合成材料防治路基不均匀沉降，一是靠土工合成材料与路基形成复合体，提高路基填挖交界处、新老路基间的整体性和路基刚度；二是靠土工合成材料较小的延伸率，协调不同性状路基土结合段的差异沉降。近年来，我国公路工程中采用土工合成材料防治路基不均匀沉降主要应用在路基填挖交界处、高填方路堤与陡坡路堤、软土地基路堤、软土地基不同处理方式交界处、改建公路新老路基结合处，有关研究与工程实践表明，具有良好的效果。

在桥涵、通道等横穿公路的构造物与构造物台背的路基填土之间，往往因为刚度悬殊而产生阶梯状不均匀沉降，引起“桥头跳车”等现象发生。长沙理工大学等对此开展了相关研究，采用土工网加筋桥涵、通道等过路构造物台背的路基填土，以减少构造物台背与路基填土之间的不均匀沉降，并在320国道白关桥和107国道龙云桥上进行了工程试验，结果如图7-1所示。

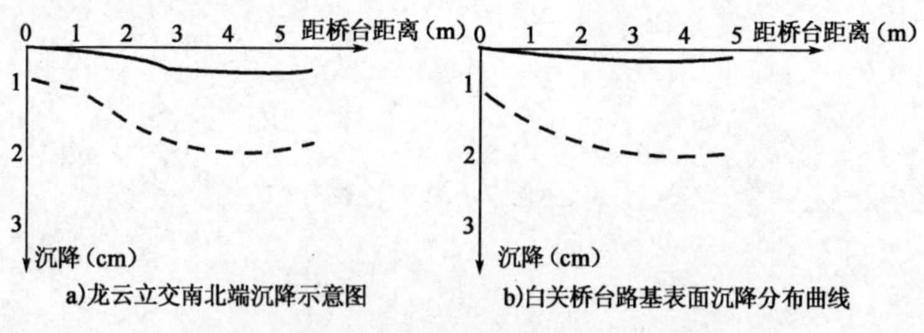

a)龙云立交南北端沉降示意图　　b)白关桥台路基表面沉降分布曲线

图7-1 土工网加固台背填土不均匀沉降的对比曲线

图7-1中，虚线表示未采用土工网加固端台背填土的沉降曲线，实线表示采用极限抗拉强度大于20kN/m、2%延伸率对应抗拉强度大于或等于6kN/m的土工网加固端台背填土的沉降曲线。白关桥的测试数据是在开放交通后一年测得，龙云立交的测试数据是在开放交通后两年测得，加固端与未加固端最大沉降之比为1:6~1:10。

之后，又在长沙至湘潭、深圳至汕头、楚雄至大理等3条高速公路的12座桥台上进行了推广应用。工程实践证明，采用土工合成材料加筋构造物台背路基填土对减少构造物与路基之间的不均匀沉降确有明显的效果，故在本规范中编入了这一成果。

7.1.2 应根据公路等级、荷载条件、处治部位、地基条件、路基断面形式及桥台形式，以及路基沉降变形情况，选择土工合成材料。

路基差异沉降由路堤差异沉降和地基差异沉降两部分组成。差异沉降大小与路基自身条件、地基条件、外荷载等多种因素有关，因此，应结合公路等级、荷载分布、路基结构强度要求、形变限制等条件合理选择土工合成材料，使处理后路基具有较高的抗剪强度和抗变形能力，达到抑制路基不均匀沉降，防治路堤沉陷或开裂的目的。

7.1.3 应考虑地基处理方式、路基填料类型、路基强度与稳定性、排水系统、施工工艺，以及工程造价等，进行综合设计，确定合理的处治方案。

在特殊填土条件下，或地基土中有不均匀的软弱夹层时，更应综合考虑路基填料、地基处理、施工工艺与工程造价等对路基差异沉降防治效果的影响。最好先进行现场试验研究后再确定防治方案。

7.1.4 采用土工合成材料防治路基不均匀沉降时，应先做好地基处理。路基压实度及稳定性应满足现行《公路路基设计规范》(JTG D30)的要求。

采用土工合成材料仅是协调路堤不均匀沉降，不能有效减少总沉降量。

因此，不能因为加铺了土工合成材料而放松地基处理与填筑体压实度要求。当地基承载力不足时，应先做好地基处理。

7.1.5 采用土工合成材料处治后的新建公路路基填挖交界处、改建公路新老路基间的差异沉降应符合现行《公路路基设计规范》(JTG D30)的有关规定。

7.1.6 设计时应考虑土工合成材料在施工中的损伤和老化问题，折减系数应按4.2节有关规定取值。

土工合成材料受损后，其力学性能降低。因此，土工合成材料施工时应选择合理的施工方法与工艺。此外，土工合成材料铺设固定后，其位置不得因施工而受到扰动。

7.2 材料选择与设计参数

7.2.1 防治路基不均匀沉降宜采用整体性和耐久性好、强度高、变形小的双向或三向土工格栅、高强土工织物、土工格室等土工合成材料。需要减轻路基自重时，可采用EPS块等轻质材料。土工合成材料性能应满足表7.2.1的要求。

防治路基不均匀沉降土工合成材料要求 表7.2.1

材　料	要　求
土工格栅、高强土工织物	极限抗拉强度≥50kN/m，2%伸长率时的抗拉强度≥20kN/m
EPS块	密度在20～30kg/m^{3}之间，抗压强度≥100kPa
土工格室	格室片极限抗拉强度≥20MPa，焊接处极限抗拉强度≥20kN/m，高度≥10cm。宜用于软弱地基顶部形成垫层

路基不均匀沉降防治设计中需要的主要参数包括：地基土、填料、土工合成材料的强度与变形指标。除这些基本参数外，还应考虑地形、路基断面形

式、地基土层分布、荷载条件等。

路基沉降原因和机理不同，不均匀沉降形态受地形、地基、路基等多种因素影响，在方向上存在不确定性。因此，应根据路基差异沉降部位、处治方案，选用适合的土工合成材料，宜采用纵横向特性较为一致的土工合成材料，如双向拉伸格栅或三向格栅。

旧路拓宽的差异沉降表现为：双侧拓宽工程，原路基中心沉降量增加；单侧拓宽工程易在新旧路基结合部位产生沉降差异突变点，促使道路横坡增加，甚至出现反坡。填挖交界路段的沉降差异表现为：填方段路基沉降量大，横向半填半挖路段的最大沉降出现在填方段路基边缘。旧路加宽改建、新建路基填挖交界处，除了在填料、压实度和施工质量上下工夫外，实际工程中常采用在交界处路基顶部设置抗拉强度较高、延伸率较低的土工格栅，以增强新填部分或填方路基与原状路基间的联系和整体性，防止交界处出现过大差异沉降，并起到防止新填路基土体坍塌变形的作用。

软弱地基路基差异沉降表现为中间大、两侧小的盆腔形。防治软弱地基路基不均匀沉降需采取有效措施控制路基由于剪切变形而产生的侧向位移，减小路基工后差异沉降。所以，采用模量较高的土工合成材料是有利的。同时，在软基处理设计中，应结合路基填料的强度和刚度，优先考虑浅层处理措施，并充分保护和利用地基表层的“硬壳层”。当采用常规处理方法困难时，可采用填筑超轻型合成材料——泡沫聚苯乙烯块（简称 EPS）作为填料，减轻上覆荷载。

高填方路基差异沉降表现为：临近边坡的路基压实度较低，引起路肩部位沉降较大，在降雨作用下高路堤边坡渗流引起差异沉降。因此，在高填方路堤不均匀沉降处治中，土工合成材料的主要作用是改善土体的工程性能，起到协调稳定和保护路基的作用。

由于碾压施工不便，在路堤内采用土工格室的实践并不多。但土工格室应用于软弱地基上回填砂砾石形成垫层，以构筑施工平台，减少软弱地基上路基不均匀沉降是有效的。故推荐土工格室主要用于软弱地基顶面构筑垫层。

条文结合我国的工程实践、路基不均匀沉降特点，推荐了宜采用的土工合成材料及其性能要求。

7.2.2　当需要进行稳定性计算分析时，土工合成材料的设计计算抗拉强度 T_a 应按本规范4.2.2条确定。

7.2.3　台背填土应有良好的水稳定性与压实性能，满足现行《公路路基设计规范》(JTG D30)的要求。宜选择能与土工合成材料产生良好摩擦与咬合作用的砾石土、碎石土等填料。土工合成材料与填料的界面摩擦角 φ_{GS} 应不小于填料内摩擦角的90%。界面摩擦角应采用现行《公路工程土工合成材料试验规程》(JTG E50)规定的直剪试验方法测定。

土工合成材料与填料之间的界面摩阻力是保证加筋效果的关键因素，是选择加筋材料的主要依据，应该通过试验确定。因此，在条文中只提出了相对要求，而未给出具体的数值范围。为增强加筋效果，宜选择易于压实、能与土工合成材料产生良好摩擦与咬合作用的填料。

7.3　结构形式与计算

7.3.1　新建公路路基填挖交界处不均匀沉降防治，可结合挖方区路床超挖回填、地表斜坡开挖宽台阶等措施进行，土工合成材料宜铺设在路床、路基底部，如图7.3.1-1、图7.3.1-2所示。当填方区路基高度较大时，可在填方区中部增设土工合成材料加筋层，铺设间距视其高度、地基条件和路基填料性状确定。

1　半填半挖路基填挖交界处土工合成材料宜铺设在路床范围内，铺设长度为填挖交界处两侧各不小于8m。

2　路基纵向填挖交界处，路床范围挖方段土工合成材料铺设长度不宜小于8m，填方段土工合成材料长度应覆盖过渡区，延伸至一般填方区的长度不宜小于5m。岩石路段的路基填挖交界处,宜采用高强土工合成材料。

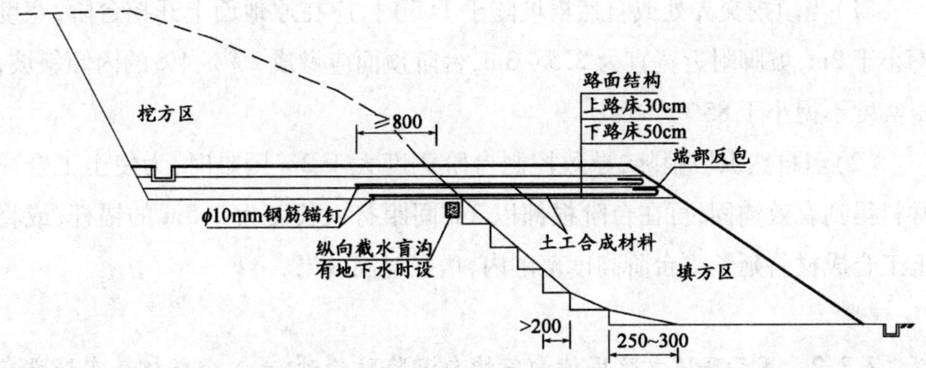

图7.3.1-1 路基半填半挖交界处路基典型结构(尺寸单位:cm)

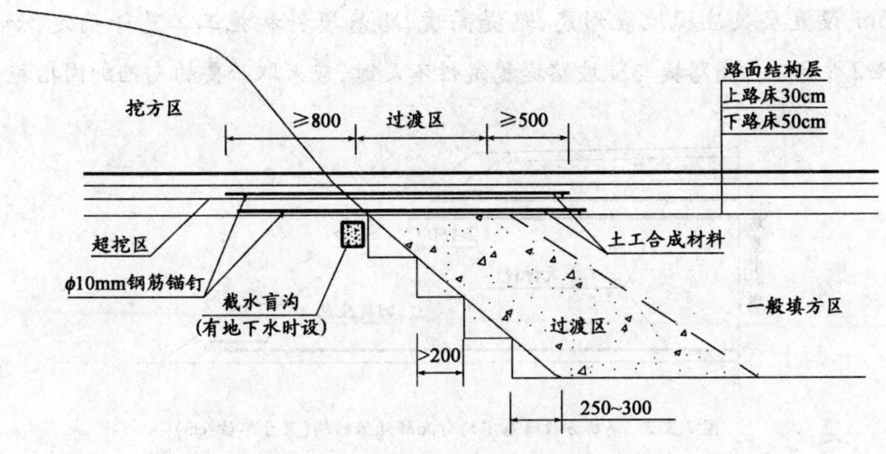

图7.3.1-2 纵向填挖交界处路基典型结构(尺寸单位:cm)

3 当填挖交界处地表横坡陡、路基填挖高差较大时,可在路床范围设置两层或3层土工合成材料,层间距应不小于最小压实厚度,且不宜大于0.4m。

工程实践与数值分析结果表明,土工合成材料对路基不均匀沉降有一定的改善作用。目前对土工合成材料改善路基不均匀沉降的作用,主要基于数值分析方法,尚未建立起可供工程设计应用的解析方法,需要进一步加强研究。本规范提出的结构形式及合成材料布设间距主要基于工程实践经验提出。

填挖交界段台阶的开挖及土工合成材料的铺设应注意以下事项：

(1)当填挖交界处或自然横坡陡于1∶5时，应在原地面上开挖台阶，宽度不小于2m，坡脚附近宽宜为2.5～3m，台阶顶面应做成2%～4%的内倾斜坡，压实度不得小于85%。

(2)当自然纵坡很陡，导致控制台阶宽度大于2m困难时，为使土工合成材料得到有效锚固，可在台阶根部以2m间距打入长度为2.5m的锚杆，或将土工合成材料延长到台阶高度范围内，增强锚固效果。

7.3.2 用于高填方路堤横向不均匀沉降防治时，土工合成材料宜铺设在路床及路堤底部，铺设长度与路基同宽，两端回折反包锚固，回折长度不宜小于1.5m，设置层数应视地表形态、路堤高度、路基填料和施工工艺等确定，如图7.3.2所示。当高路堤与陡坡路堤稳定性不足时，应采取必要的支挡加固措施。

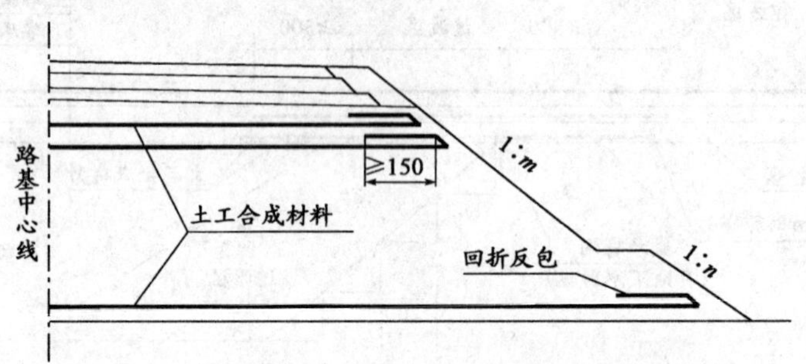

图7.3.2 高填方段路基不均匀沉降处治结构(尺寸单位：cm)

采用土工合成材料防治高填方路基不均匀沉降仅是协调路堤差异沉降，并不能有效减少总沉降量。因此，当高填方路基因地基或路堤强度、稳定性不足产生的总沉降较大时，应根据高填方路基处治方案进行处理后，再考虑不均匀沉降处治方案。

7.3.3 处理不同软土地基处理路段交界处路基不均匀沉降时，土工合成材料宜铺设在交界处路基底部，不同处理路段内铺设长度不得小于10m，如图7.3.3所示。必要时，可在路床顶部设置双层土工合成材料。

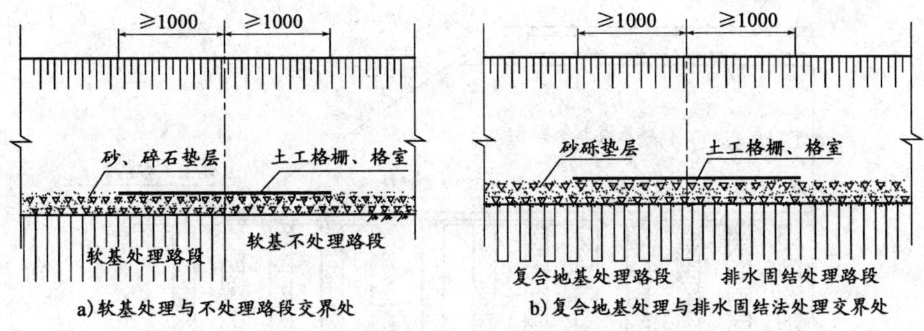

图 7.3.3 软基不同处理段衔接方式典型结构(尺寸单位:cm)

软基与非软基衔接处、不同软基处理方式衔接处易产生差异沉降。条文总结了我国近年来的工程经验,提出了相应要求。当差异沉降较大时,仅在路基底部铺设土工合成材料难以达到预期效果,故推荐在路床增设双层土工合成材料。

7.3.4 采用土工合成材料防治软弱地基路堤不均匀沉降时,应根据地基地质条件、路堤高度等情况,与砂垫层预压法、排水固结法、复合地基等地基处理措施相结合,进行综合治理,如图 7.3.4-1 所示。

1 当与砂垫层预压法、排水固结法联合处理时,可选用高强土工织物、土工格栅、土工格室。当与复合地基联合处理时,宜选用土工格栅或土工格室。土工合成材料应铺设在路堤底部,铺设层数以 1 ~ 2 层为宜,铺设宽度宜与路基底部同宽。

2 当软土含水率超过 80%,或十字板抗剪强度小于 10kPa 时,可采用土工格栅筒碎石桩与高强土工格栅或高强土工格室联合处理措施,如图 7.3.4-2 所示。

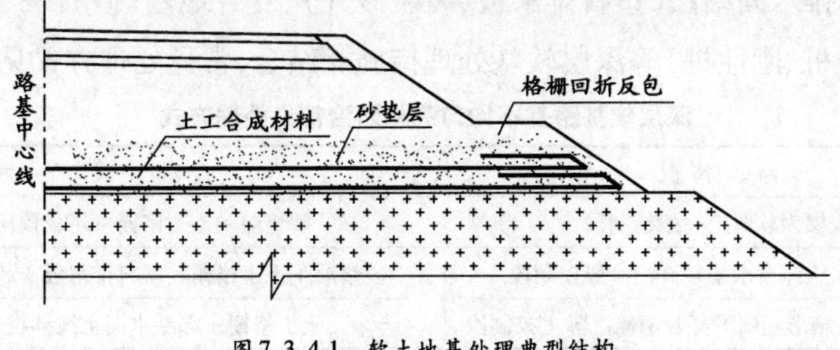

图 7.3.4-1 软土地基处理典型结构

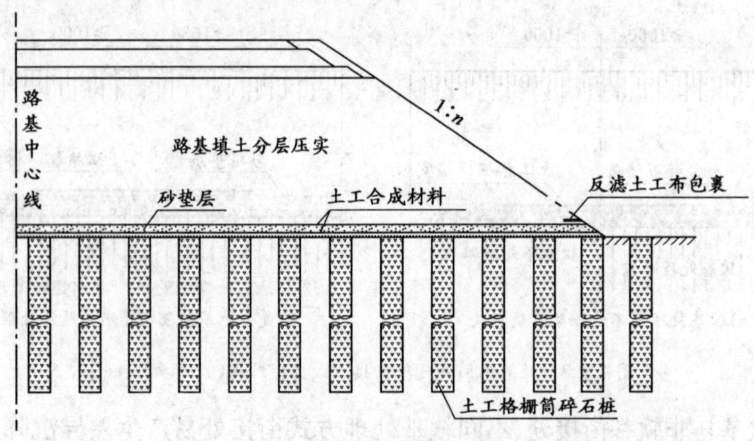

图 7.3.4-2 土工格栅筒碎石桩与高强土工格栅处治软土地基典型结构

软弱地基路基不均匀沉降防治，应根据软基特点和上覆路堤高度采用合理的结构形式。

(1)浅层软基

对于填土较低的浅层软基($D/B<1/3$、$H/B<2/3$,其中 D 为软土层厚度，B 为路堤底宽，H 为路堤填土高度)，可不进行软基处理，应尽可能利用原状土结构强度，维持硬壳层的整体作用，将土工合成材料直接铺设在硬壳层上，并铺设粒料层。土工合成材料适当宽出路堤底边缘，回折反裹形成自锚。

当采取清淤回填等方式处理地基浅层软基时，可在其上铺设两层土工格栅，其间铺设厚 50cm 的碎石或砂砾垫层，形成一层整体性复合结构以均衡路基沉降。

(2)深层软基

对深层软基，单纯采用土工合成材料防治路基不均匀沉降难以达到预期效果，可与排水固结法(塑料排水板、袋装砂井)、复合地基(砂石桩、水泥加固土桩、CFG 桩、刚性桩)等深层软基处理措施相结合，常见处理方式见表 7-1。

深层软基路基不均匀沉降防治常见处理方式 表 7-1

路段情况	处理方式
表层为软弱土一般控制段	砂垫层+土工格栅+超载预压
下部软弱土体含水率较高的一般控制段	砂垫层+土工格栅+塑料排水板+超载预压
桩基础两侧、箱形基础下部及两侧沉降主控制段	土工格栅+深层水泥土搅拌桩等

土工格栅筒碎石桩采用土工格栅和一层细孔土工网围成圆筒,并在中间填充碎石。这种桩易成桩,渗透性好,而且由于土工格栅本身的高强度使桩体具有较大的强度,提高了桩抵抗变形和破坏的能力。对极软地基,采用土工格栅筒碎石桩是一种较好的地基处理措施。

7.3.5　当软弱地基上拓宽拼接路基沉降较大时,可采用 EPS 块等轻质填料修筑路基,降低拓宽拼接路基自重,减少地基压缩变形和沉降量。EPS 轻质填料拓宽路堤横断面可采用直立挡板式或土包边两种结构形式,如图 7.3.5 所示。应用于受洪水影响的地区时,应考虑水浮力对路基稳定性的影响。

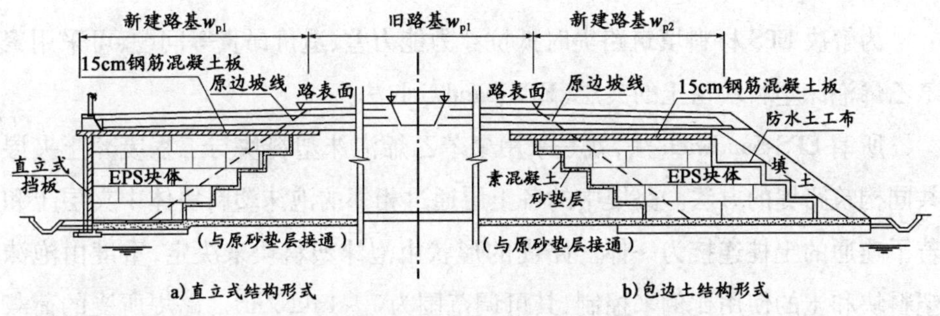

图 7.3.5　EPS 轻质填料拓宽路堤断面结构形式

EPS 属超轻质高分子材料,密度小,用在软弱地基新拓宽路基段或与桥头,能有效减小附加应力,消减了路基沉降差异。但当应用于地下水位高、浸水、洪水多发等路段时,需考虑水浮力的影响,进行特殊设计。

设计施工时必须解决好排水和坡面防护问题,防止受浮力作用而使路面变形开裂;同时,必须重视 EPS 同一般填土路段的连接,应设置一过渡段,即将 EPS 块体以台阶的方式与一般填土路堤过渡相连;另外,EPS 块体应纵横向交错铺砌,以利于 EPS 块体的受力和变形连续。

采用 EPS 块体填筑路基时侧面应设置包边土,土层宽度一般为 1.5 ~ 2.5m,坡率为 1∶1.5,最好为 6% 的灰土。为保证路基内部排水通畅,包边土内于每层 EPS 底面位置每隔 5m 横向设置一道 2 × 6m 的塑料盲材,纵向做通长塑料盲材，将横向排水通道连通。盲材外包一层无纺透水土工织物，以防堵塞，如图7-2所示。

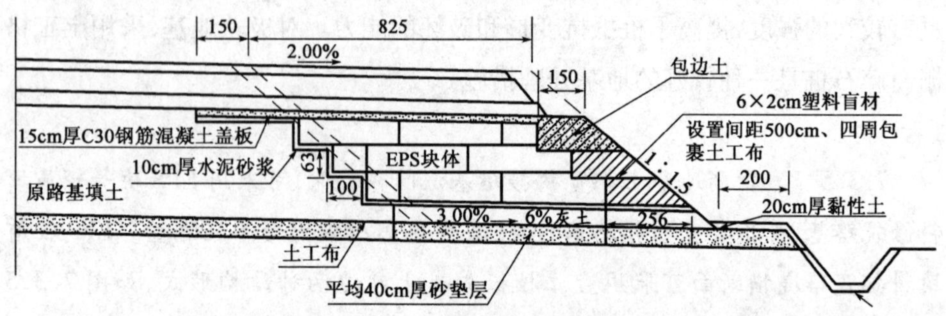

图7-2　EPS填筑路基侧面包边土及排水设计(尺寸单位:cm)

为解决EPS材料填筑路堤时抵抗浮力能力差、造价昂贵等问题，可采用聚苯乙烯泡沫塑料块与土的夹层(EPS-Sandwich法)。

所谓EPS-Sandwich法，就是采用聚苯乙烯泡沫塑料块与工程废弃土夹层共同构筑路堤的方法。路堤中的各土层通过相邻的泡沫塑料块体中夹层土和若干连通的土柱连接为一体。路堤的形状由泡沫塑料块来决定，重度由泡沫塑料块和土的使用比例来控制，其可调范围为7~13kN/m^3。路堤所受的荷载越大，各层之间的黏结性越好，路堤的抗剪强度越高。这种填土既不影响路堤的耐久性，又提高了路堤的稳定性及抵抗浮力的能力，还能减少泡沫塑料块的使用量，与纯粹使用EPS材料相比，可降低造价一半以上。

7.3.6　用于减小改扩建公路新老路基结合处差异沉降时，土工合成材料宜铺设在新填路基底部和路床处的新老路基结合部位，如图7.3.6所示。当拓宽拼接路堤填土高度较大时，应视路基高度及新老路基差异沉降量大小，在路基中部增设土工格栅或土工格室。土工格栅或土工格室铺设长度，在拓宽拼接路基范围内不宜小于8m，原有路床范围内不应小于2m；路面损害严重或为新建路面时，原有路基路床范围内的土工合成材料铺设长度不宜小于8m。

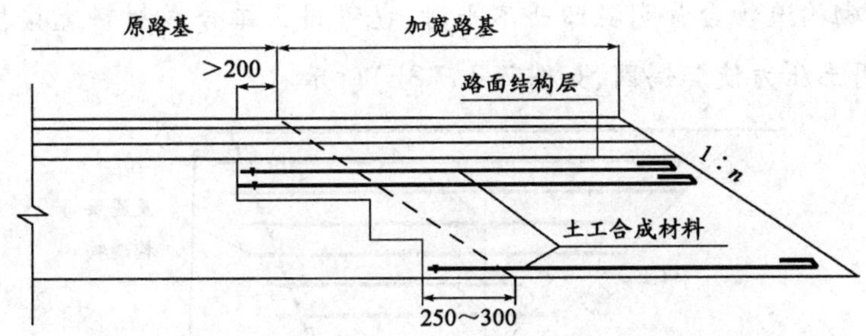

图7.3.6　旧路拓宽路基不均匀沉降防治典型结构图(尺寸单位:cm)

新拓宽路基部分存在软土地基时,低路堤路段可不作处理,直接在路基中铺设土工格栅、高强土工织物,加强路基整体强度,防治路基不均匀沉降;对高填路堤段,新拓宽部分的软土地基必须进行处理,必要时可采用轻型填筑材料,同时在新老路基结合部位采用挖台阶、铺土工合成材料的方式进行处理。

当老路基路段下伏有软土地基时,路基边坡上挖设的台阶最大宽度应不大于2.0m,底部台阶高度不得大于0.8m,以便确保老路基稳定性。当超过上述要求时,应进行施工期老路基的稳定性验算。

7.3.7　采用土工合成材料防治桥台构造物与路基间不均匀沉降时,台背高度宜为5.0~10.0m。当原地基承载力不能满足路基填土高度要求时,应对地基采取有效措施进行处理。

1　石砌和混凝土桥台台背处治的结构形式如图7.3.7-1所示,土工合成材料应分层铺设,最下一层宜铺设在构造物基础的顶面,最上一层宜铺设在路基的顶面;对桩柱式桥台,可采用图7.3.7-2所示的形式分层平铺。

2　台背与填料之间应设置20cm厚的反滤层,在原地面应设置厚度不小于30cm的级配碎石排水垫层。在摊铺碎石排水垫层前,应将地面平整成4%的双向横坡;对U形桥台,还应设置4%的纵坡将水引至桥台区以外。

3　对石砌桥台,可将土工合成材料嵌固在砌体内,嵌固深度不宜少于20cm。嵌固土工合成材料的砌体边界部位应设置5cm宽的柔性垫块,柔性垫块可用橡胶或木条制作,亦可采用加筋材料的边角余料替代,如图7.3.7-3a)

所示。石砌构造物台背明显凹凸不平时,也可将土工合成材料直接挂铺在台背上,利用土压力使其锚固,如图7.3.7-3b)所示。

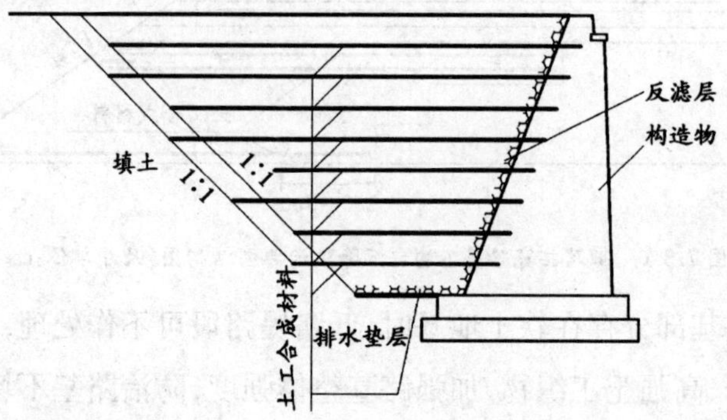

图7.3.7-1　石砌桥台与混凝土桥台结构形式

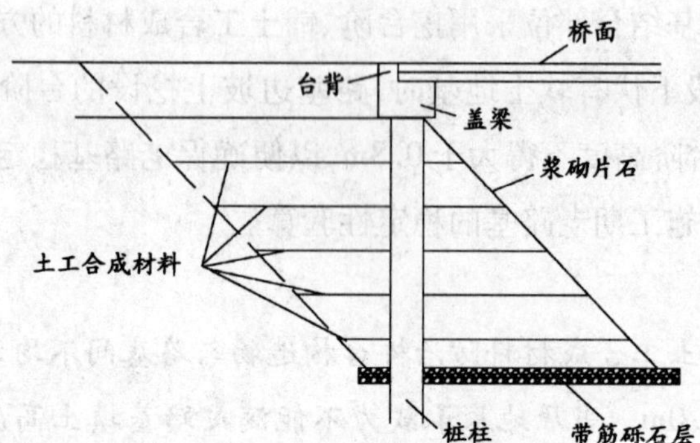

图7.3.7-2　桩柱式桥台结构形式

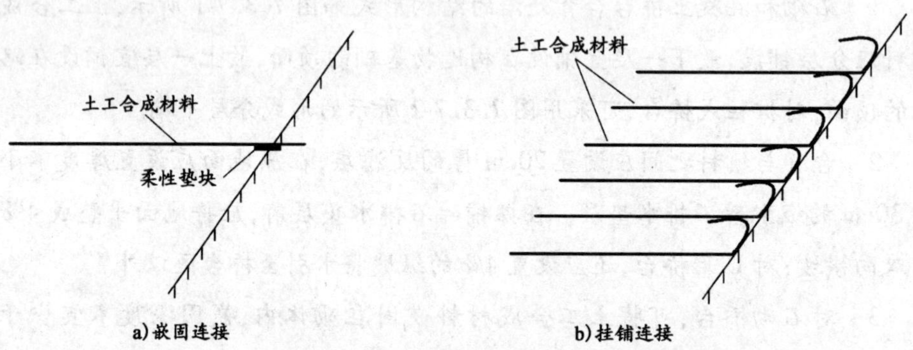

图7.3.7-3　土工合成材料与石砌桥台台背连接示意图

4　对混凝土桥台，可采用经防锈蚀处理的膨胀螺钉与钢压条，将土工合成材料锚固在结构物台背面的壁面上，如图 7.3.7-4 所示。

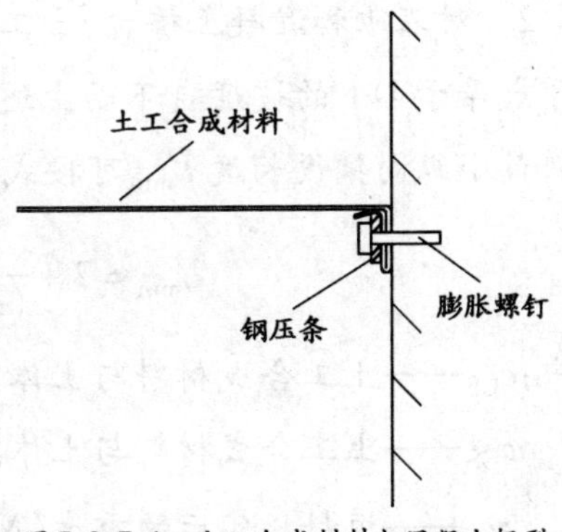

图 7.3.7-4　土工合成材料与混凝土轻型桥台连接示意图

目前在工程试验中获得成功的试验桥台高度一般在 4～12m 之间，故将土工合成材料加筋适宜的桥台高度定为 5～10m。

在台背与填料间要求设置 20cm 厚的反滤层是为了避免路表水通过构造物与填料交界部位渗入并滞留于填料内；在原地面设置厚度不小于 30cm 的级配碎石排水垫层，是为了防止地下水进入台背填料，降低填料强度，增大荷载。

7.3.8　采用土工合成材料防治桥台构造物与路基间不均匀沉降时，土工合成材料的竖向层间距与铺设长度应按以下方法确定：

1　竖向层间距 ΔH 应按式(7.3.8-1)计算，最小铺设间距应不小于一层压实填土厚度，在距路基顶面 5.0m 的深度范围以内，最大铺设间距不宜大于 0.8m。

$$\Delta H = \frac{0.1T_{GC}^2}{E_T H_m\left[0.2H_m\left(1-\frac{Z^2}{H_m^2}\right)+\left(1-\frac{Z}{H_m}\right)\right]} \quad (7.3.8\text{-}1)$$

式中：T_{GC}——土工合成材料的纵向设计计算抗拉强度(N/m)，考虑到各种因素引起的强度折减，可按 30% 的极限抗拉强度取值；

H_m——路基顶面与构造物基础顶面之间的高差(m)；

Z——上一层土工合成材料的铺设位置距路基表面的垂直距离(m)；

E_T——土工合成材料的拉伸模量(N/m)，取 2% 伸长率时对应的割线模量。

2　对石砌和混凝土桥台，土工合成材料的纵向铺设宜上长下短，可采用缓于或等于1:1的坡度自下而上逐层增大纵向铺设长度，最下一层土工合成材料最小纵向铺设长度 $L_{\min}$ 可按式(7.3.8-2)计算。

$$L_{\min} = 2 + \frac{0.5T_{GC}}{(c_{GS} + \gamma_m H_m \tan\varphi_{GS})} \tag{7.3.8-2}$$

式中：c_{GS}——土工合成材料与土体交界面上的界面黏聚力(Pa)；

φ_{GS}——土工合成材料与土体交界面上的界面摩擦角(°)；

γ_m——填料压实后的重度(N/m^3)；

其余符号意义同式(7.3.8-1)。

条文给出的土工合成材料铺网竖向层间距计算公式(7.3.9-1)是通过对桥台加筋材料及土体三者之间相互作用的力学和变形特性进行分析后提出的。

事实上，如果忽略土体及土工合成材料水平方向的位移而假定在正常工作状态下，两者均只产生垂直方向上的位移。同时，设土工合成材料在垂直方向上的位移 ω 沿路线纵向的变化率 $d\omega/dx$ 远小于1，则在线弹性条件下可得土工合成材料的非线性控制方程式(7-1)。

$$\begin{cases} T\dfrac{d^2\omega}{dx^2} + \dfrac{dT}{dx}\dfrac{d\omega}{dx} + q = 0 \\ \dfrac{dT}{dx} + \tau = 0 \end{cases} \tag{7-1}$$

式中：T——土工合成材料的张力；

ω——土工合成材料的垂直位移；

q——填土对土工合成材料的垂直力；

τ——填土对土工合成材料的水平力。

根据室内外试验观测到的土工合成材料的变形特性，可将 ω 表示为如下指数函数形式：

$$\omega = \omega_{\max}(1 - e^{-x/L}) \tag{7-2}$$

进一步利用土工合成材料的变形协调关系和应力应变特性可得到：

$$T = T_{\max} e^{-\frac{2x}{L}} \tag{7-3}$$

另一方面，注意到在土工合成材料与构造物的连接处（$x = 0$ 处），由于土工合成材料本身具有抵抗横向剪切变形的能力，其上部土体的自重荷载不能越过土工合成材料而给下部土体，故有：

$$q_{x=0} = q_{\max} = \Delta H \cdot \gamma \tag{7-4}$$

根据式（7-1）~式（7-4）后可得如下铺网间距设计的理论公式：

$$\Delta H = \frac{12T^2 E_0(1-\mu_0)}{E_T\gamma_m P(1+\mu_0)(1-2\mu_0)\left[\gamma_m(H_m^2 - Z^2)/P + 2(H_m - Z)\right]} \tag{7-5}$$

式中：ΔH——距路基表面深度 Z 处的铺网间距（m）；

T——土工合成材料的张力（N/m）；

H_m——路基顶面与构造物基础顶面之间的高差（m）；

Z——上一层土工合成材料铺设位置距路基表面的垂直距离（m）；

E_T——土工合成材料的拉伸模量（N/m）；

E_0——路基土填筑压实后的变形模量（N/m）；

μ_0——路基土填筑压实后的泊松比；

P——路基顶面所承受的来自于路面自重与交通荷载的垂直压力（N/m）；

γ_m——路基填土压实后的重度（N/m^3）。

为了便于设计计算，将 E_0 取为 20MPa，μ_0 取为 0.35，γ_m 取为 20kN/m^3，P 取为 50kPa，同时，将 T 取为土工合成材料的设计抗拉强度 T_{GC}，即可得本规范所推荐的设计计算公式。

10 多个试验桥台的试验结果表明，上述铺网层间距计算公式是符合工程实际的。但在采用土工合成材料加固时应注意，当桥台高度大于 12m 时，采用土工合成材料加固的工程费用太高，故需慎重选择。此外，有限元计算发现，当铺网间距大于 1.2m 时土体与土工合成材料交界面上的剪应力很大，有可能导致两者之间的相对滑动，从而破坏台背填筑体整体性。因此，在条文中提出，在路基顶面以下 5m 深度的范围以内，铺网的最大层间距以不大于 0.8m 为宜。

7.4 施工要点

7.4.1 土工合成材料进场后，应及时储藏在仓库内，严禁露天堆放。在铺筑土工合成材料前和施工中均应保证材料的完好性，严禁使用有断裂或破损的土工合成材料。

7.4.2 土工合成材料铺设前，应完成地基处理、场地平整等工序的施工，并应保证与土工合成材料接触的土层表面平整，无坚锐凸出物。

采用土工合成材料进行路基不均匀沉降防治的施工一般按如下程序进行：清基→地基压实→将土工合成材料锚固（如需要）、铺设、张紧并定位→分层摊铺、压实填料至下一层土工合成材料的铺设高程→进行下一层土工合成材料锚固（如需要）、铺设、张紧与定位。

一般地基处理包含的内容与要求如下：

(1)清除路基范围内的树根、杂草。若基底的表层土系腐殖土，则须清除换填，并按规定进行压实。路堤通过耕地时，路堤填筑施工前预先清除表土30cm。当表土剥离后基底含水率高时，应及时进行翻松、晾晒，再进行碾压。

(2)浅层不良地质地段应清理软弱层，然后换填透水性材料，低填方路段应注意满足路基工作区的要求，必要时应设置砂砾隔离层。

坡面基底处理包含的内容与要求如下：

(1)当原地面坡度较小，坡率缓于1∶5时，只需清除坡面表层，分层碾压填筑；当原地面坡度较大，坡率陡于1∶5时，应将坡面做成台阶，再分层碾压填筑。

(2)对老路基拓宽，若原有路肩质量较差，达不到设计要求时，应将土路肩翻晒或掺灰重新碾压。

7.4.3　土工合成材料上下应设保护层。距离土工格室上下10cm范围内的填料,最大粒径不得大于8cm;距离其他土工合成材料上下8cm以内的填料,最大粒径不得大于6cm。

7.4.4　土工合成材料强度高的方向应与主受力方向一致。用于防治桥台与构造物之间不均匀沉降,桥台与路基中线斜交时,应将土工合成材料的嵌固端截成与斜交角相等的倾角,保证土工合成材料的铺设方向与线路走向平行。

土工格栅之间搭接时,一般搭接宽度为20~50cm;若周边用U形柱钉固定时,搭接长度可为10m。土工格室可采用多种连接方式,如现场焊接、现场铆接、打孔穿绳连接、专用插件连接等,各种连接方式的效果见表7-2。

土工格室各种连接方式效果　　表7-2

连接方式	连接强度	施工环境要求	连接时效	连接质量稳定性
焊接	较好	严格	好	差
铆接	一般	一般	差	一般
打孔穿绳	一般	一般	一般	一般
专用插件	好	不要求	好	好

专用插件是使用与土工格室相同材料注射成型的合叶状塑件,是较好的连接方式。用超声焊接方阵端面,连接力为片材强度的0.95~0.97倍。

7.4.5　在主受力方向宜避免连接,应根据设计长度确定土工合成材料的剪裁长度,必须连接时宜采用连接棒或钢筋条等有效方式连接,土工格室宜采用专用插件连接。横向相邻两幅土工合成材料应相互搭接,搭接宽度不宜小于20cm,不同层面的搭接位置应相互错开。

7.4.6　土工合成材料应与下层填料紧密贴合,无扭曲褶皱。对需要张拉的土工合成材料,应严格控制张拉应力,保证材料充分张开,但不得变形与损坏。

土工合成材料上未填料前，严禁机械设备在其上行驶，并应及时填土，及时碾压，以防止日晒老化。

碾压前先检查填土的厚度和平整度，确定平整度和厚度符合要求后，方能进行碾压。碾压时宜采用平板式压路机，严禁采用羊足碾，以避免损伤格栅。

7.4.7 土工合成材料铺设完毕未填料前，严禁机械设备在其上行驶。填土的摊铺和压实应按公路路基设计、施工技术规范要求进行。在大型压路机压不到的部位，应采用小型压实机具分层压实，每层压实厚度宜小于15cm。

7.4.8 填筑时不得直接将填料卸在土工合成材料上。纵向填挖交界处填筑时，应从低处往高处分层摊铺碾压，并注意填挖交界处的拼接，碾压应密实，无拼接痕迹。

7.4.9 当桥台背区以外的路基尚未填筑时，桥台背填筑段的施工长度宜大于50m；当桥台背区以外的路基已经填筑压实时，应将已填筑压实路基端部开挖成台阶状，保证新、老压实区的有效衔接。

7.4.10 EPS块体施工应符合以下规定：

1 与其他填料路堤或旧路基的接头处，EPS块体应呈台阶铺设。EPS块体铺筑前，施工基面应保持干燥，并铺设10cm厚的砂垫层，砂垫层应夯压密实、稳定。

2 最底层块体与垫层之间、块体之间应联结牢固，联结件应进行防锈处理。

3 EPS块的铺设应遵循由低到高、先中间后两侧、自下而上逐层错缝铺设的原则。块与块之间应紧贴，缝隙不得大于20mm，块体间错台高差不得大于10mm，各层块体间的错缝应大于0.6m。最下层块体间的缝隙或错台应由砂浆垫层调整，中间各层缝隙采用无收缩水泥砂浆填塞密实。

4 每层 EPS 块铺设完成后，与老路基的接合处宜采用 C20 细石混凝土填塞密实。

5 EPS 块铺设完成后，其顶部应铺设一层厚度不小于 10cm 的钢筋混凝土层。

6 严禁重型机械直接在 EPS 块体上行驶。

为防止 EPS 块体之间错位，上下两层 EPS 块体间、每层 EPS 块体间侧面可分别采用双面爪形连接件、单面爪形连接件连接。爪形连接件应具有一定强度，且经镀锌防腐处理。最下层 EPS 块体与施工基面之间应采用 L 形金属销钉连接，销钉插入施工基面深度不小于 20cm。

8 防沙固沙

8.1 一般规定

8.1.1 土工合成材料可用于沙漠地区公路路基整体稳定、边坡稳定与防护、线外固沙。

与一般地区公路工程相比，沙漠地区筑路显著的不同点在于：

(1)沙漠地区面积广大，除风积沙外，很难找到其他筑路材料。尤其当路线深入沙漠10km以后，常规筑路材料的供应与运输均会遇到极大困难，这一困难随路线的深入而日益加剧。解决的唯一方法是采用有效技术措施加强风积沙的利用。

(2)风积沙具有足够的强度、内摩擦角、化学稳定性，沙体路基具有较高的承载能力。但由于其单一粒径的级配组成，使其缺乏足够的稳定性，路基体在动载作用下容易变形，路基边坡容易坍塌，而且在风与水等自然力的作用下易于风蚀与水蚀。因此，如何保证沙粒堆积体的稳定成为了沙漠地区筑路的关键。

(3)横断面方向侧向约束力不足，使得沙漠地区公路路基在施工及使用中均易产生侧向挤压位移，带来路基稳定性不良，车辙发育，边坡坍塌，易于风蚀、水蚀等路基路面病害。

沙漠地区筑路应用土工合成材料，对有效利用风积沙修筑路基，提高填筑体的承载能力与整体稳定性，保障边坡稳定与防护效果，防沙固沙，能起到十分重要的作用。

8.1.2 当使用风积沙填筑的路堤高度大于1m时，可采用将土工合成材料铺设于沙基内或沙质路床顶部的措施，提高路基整体稳定性。

8.1.3 对使用风积沙填筑路堤的路段，存在风蚀、水蚀时，可采用土工合成材料稳定路基、防护边坡。

由于沙漠地区大多较为荒凉，用地不紧张，大多数路段可以采用放缓边坡坡率的方法使边坡稳定。但无论采用什么样的边坡坡率，其抗风蚀与水蚀的能力均极弱，可能存在风蚀与水蚀的坡面均应进行防护。在建设用地偏紧的路段，为减少公路占地，需要限制公路边坡坡率。在这些路段，采用土工合成材料可取得良好的防护和稳定效果。

利用风积沙筑路存在以下问题：

(1)压实成型困难

风积沙粒径单一，颗粒之间缺乏黏聚力，颗粒松散，难于压实成型。

(2)路基稳定性差

风积沙颗粒松散，在自然条件影响（风或水）下，风积沙路基极易风蚀和水毁，加之车辆动载作用，导致风积沙路基长期稳定性较差。

沙漠地区虽然降雨量较小，但通常是瓢泼大雨，易于掏蚀沙基，尤其是地面水流对沙质边坡的冲蚀更为严重，对风积沙的路基稳定形成极大威胁。同时，沙漠地区风大，风蚀是风积沙路基的主要病害。

(3)路面积沙

由于风积沙地区沙暴频繁，沙丘易于流动，因而修筑好的路面容易为流动的风积沙所掩埋，影响交通。

针对这些问题，采用土工合成材料对沙质路基进行稳定与边坡防护可取得满意的效果。

8.1.4 当公路周边缺少常规线外固沙材料时，可将土工合成材料用于线外固沙工程。

8.1.5 用于沙漠地区的土工合成材料应考虑紫外线的影响，土工合成材料室内紫外线辐射强度为 550W/m^2 照射 150h 的抗拉强度保持率应大于 80%。

沙漠地区往往紫外线强烈,需要考虑紫外线对土工合成材料的影响。应用于沙漠地区防沙固沙的土工合成材料主要有土工织物、土工网、土工格室、土工格栅。对这些材料,我国公路土工合成材料系列标准对不同光老化等级下的强度保持率提出了要求,结合沙漠地区的实际情况,采用了其中的Ⅲ级,即室内紫外线辐射强度为 550W/m^2 照射 150h 的抗拉强度保持率应大于 80%。

8.2 沙漠路基整体稳定

8.2.1 提高沙漠路基稳定性可采用土工格室表面全铺法、多层土工格室路基全铺法、单层土工织物铺压法等结构形式,如图 8.2.1 所示。

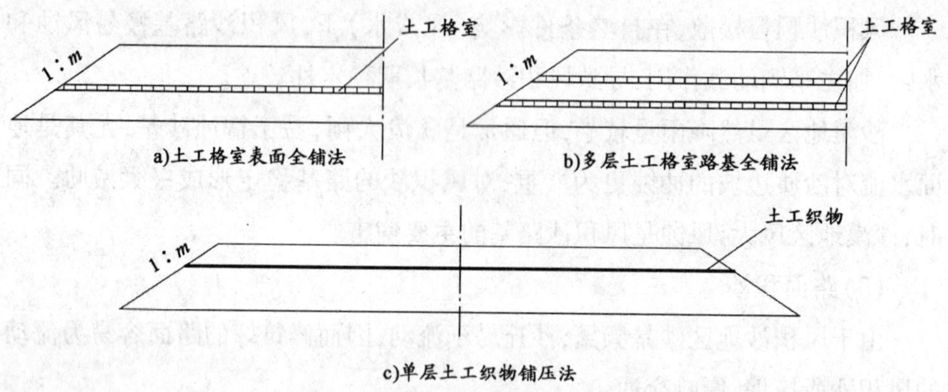

图 8.2.1 土工合成材料用于风积沙路基整体稳定的结构形式

土工格室表面全铺法是将土工格室铺在土基顶面,对风积沙填筑体起到稳定作用;也可以铺在沙面上,作为沙漠筑路时的施工便道。

多层土工格室路基全铺法是在路基中采用多层土工格室进行加筋,依据路基高度及公路等级的不同,选择不同规格的土工格室及铺压层数。

单层土工织物铺压法是依靠土工织物与沙基土体的摩擦力限制沙基的侧向位移,通常有以下两种做法。

(1)把土工织物平铺于路基中,上沙后碾压,碾压完毕后土工织物留在路基中起加筋作用。

(2)从方便碾压施工的角度考虑,在路基填筑过程中铺压土工织物,碾压后,取走土工织物,再对路基进行填充,再铺设土工织物,碾压,土工织物最终置于路基顶层。

沙基中的风积沙无黏性,抗剪能力差,若直接在沙基上行车,则作用在沙基上的剪应力将使沙基表面因剪切破坏而松散。覆盖一层土工织物后,土工织物一方面吸收部分剪应力,传到沙基表面的剪应力因而降低;另一方面通过与沙基摩擦并限制沙基的剪切滑动,利于沙基压实,提高沙基抗剪强度。

图8-1为现场试验获得的压实后填沙密度随深度的变化规律。从这一规律可以看出,土工合成材料的单层表面铺压法能显著提高表层颗粒密度,方便施工。

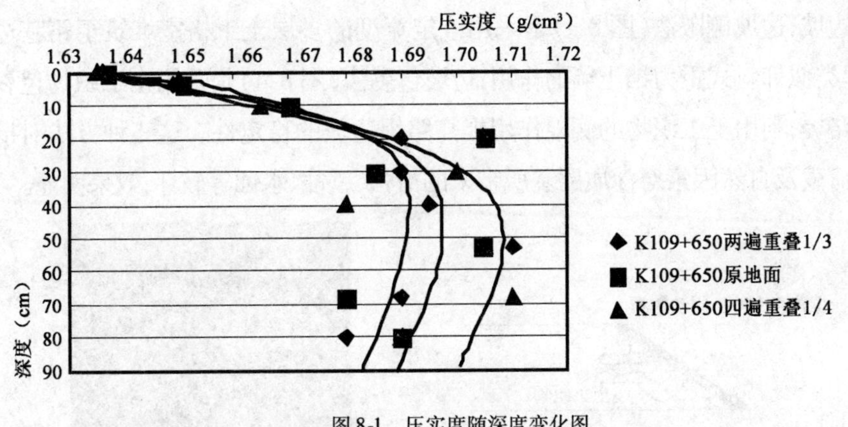

图8-1 压实度随深度变化图

8.2.2 土工格室高度H可采用5cm、10cm、15cm、20cm等规格,焊距宜为$4H \sim 8H$之间,其性能应满足表6.2.2-2和表6.2.2-3的要求。

8.2.3 土工织物可选择短纤维无纺土工织物,其性能应满足表8.2.3的要求。

单层铺压法土工织物性能要求　　表8.2.3

单位面积质量(g/m^2)	厚度(mm)	纵、横向极限抗拉强度(kN/m)	纵、横向极限伸长率(%)	CBR顶破强度(kN)	等效孔径O_{90}(mm)
≥150	≥1.0	≥8.0	≤25	≥0.5	0.07~0.2

应用于沙漠路基整体稳定时,土工合成材料被夹在沙中,对土工合成材料的老化要求不高,但对抗拉强度、抗撕裂强度却有一定的要求。根据内蒙古地区的实际工程经验,条文提出了对土工合成材料的性能要求。

8.3 边坡稳定与防护

8.3.1　土工合成材料用于沙漠地区公路风积沙路堤边坡稳定与防护,可采用边坡堆垛法、边坡侧限法、边坡包裹法等方法。

边坡堆垛法(图8-2)是使用装有风积沙的土工织物袋采用多层堆积的方式堆于路基边坡,边坡侧限法(图8-3)是采用一定宽度的多层土工格室堆筑于路基边坡,均起类似仰斜式重力挡土墙的作用;边坡包裹法(图8-4)是采用土工织物包裹风积沙路堤,利用土工织物的侧限作用提高路堤边坡的稳定性。这三种方法对抵抗车辆荷载及自然因素对沙质路基所带来的滑移、风蚀、水蚀等破坏,效果明显。

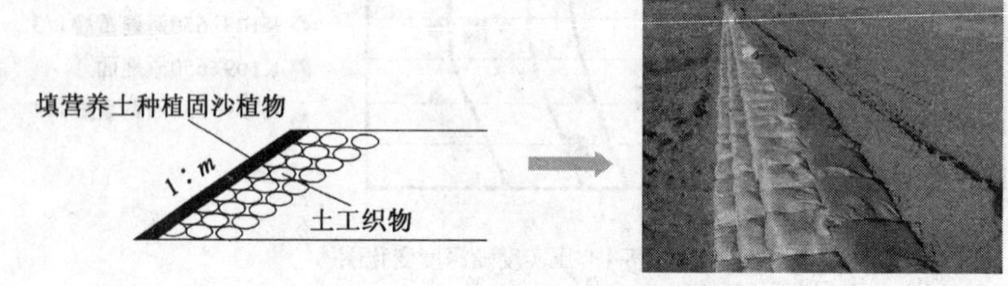

图8-2　土工织物边坡堆垛法结构与铺设示意图

图8-3　土工格室边坡侧限法结构、铺设与碾压示意图

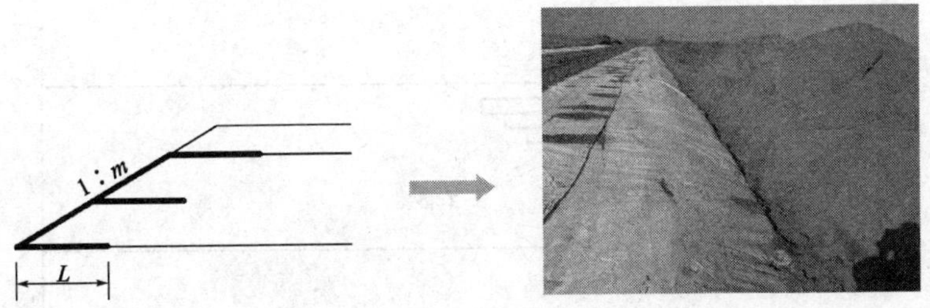

图 8-4　土工织物边坡包裹法结构与铺设示意图

8.3.2　边坡堆垛法宜采用土工织物袋，其结构形式如图 8.3.2-1 所示。可根据不同的路堤高度，采用不同的堆积方式，如图 8.3.2-2 所示。堆垛体的边坡坡率宜为 1∶1.0 ~1∶1.5；土工织物袋的长宽比宜大于 1.8，装沙体积宜为扎紧容积的 2/3 ~3/4，堆垛体的宽高比不宜小于 0.75。

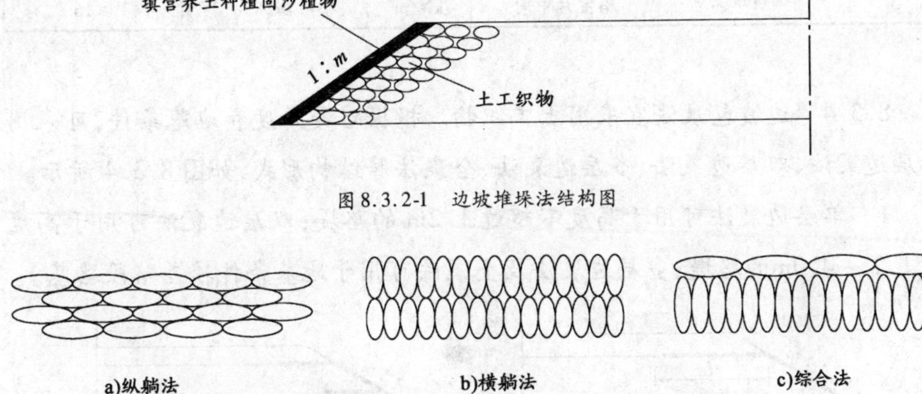

图 8.3.2-1　边坡堆垛法结构图

a)纵躺法　b)横躺法　c)综合法

图 8.3.2-2　堆垛的铺设方法

8.3.3　边坡侧限法可采用土工格室，其结构形式如图 8.3.3 所示。土工格室的规格、铺设宽度及高度应根据路基宽度和高度等确定。宜采用片材厚度大于 1mm、高 20cm、焊距 30 ~40cm、展开宽度 1.0 ~1.5m 的土工格室，其材料性能应满足表 6.2.2-2 的要求，格室性能应满足表 8.3.3 的要求。

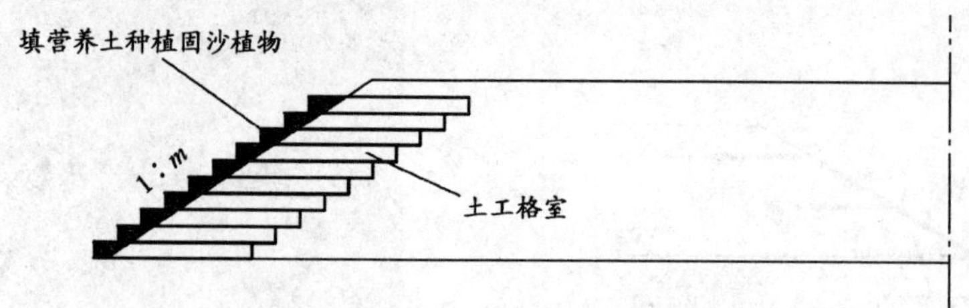

图 8.3.3 边坡侧限法结构图

土工格室的性能要求 表 8.3.3

序 号	测 试 项 目		单 位	聚丙烯土工格室	聚乙烯土工格室
1	外观		—	格室片应平整、无气泡、无沟痕	
2	格室片的拉伸屈服强度		MPa	≥23	≥20
3	焊接处抗拉强度		kN/m	≥10	≥10
4	格室组间连接处抗拉强度	格室片边缘	kN/m	≥25	≥25
5		格室片中间	kN/m	≥16	≥16

8.3.4 边坡包裹法宜采用土工织物。根据路堤高度和地基条件,可采用单层边裹法、双层边裹法、多层边裹法、全裹法等结构形式,如图 8.3.4 所示。

1 单层边裹法可用于高度不超过 1.2m 的路堤;双层边裹法可用于高度为1.2 ~ 4.0m的路堤;多层边裹法及全裹法可用于地基条件较差路段路基。

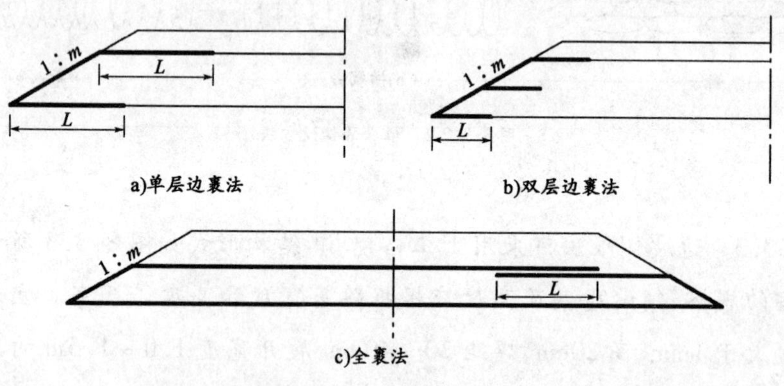

图 8.3.4 边坡包裹法结构图

2　边坡包裹法边坡坡率宜为1∶1.5～1∶2.5，土工织物上下压边边长L宜为1.0～1.5m，采用的土工织物应满足表8.3.4的要求。

边坡防护用土工织物性能要求　　表8.3.4

单位面积质量(g/m^2)	厚度(mm)	纵、横向极限抗拉强度(kN/m)	纵、横向极限伸长率(%)	CBR顶破强度(kN)	抗紫外线老化残留强度
≥200	≥1.0	≥8.0	≤25	≥0.5	不小于原强度的70%

8.3.5　土工合成材料应用于沙漠地区公路边坡防护时，可采用稳定措施与防护措施相结合的方式，也可单独采用三维土工网、土工格室等植物防护措施。

1　采用与稳定措施相结合的防护方法时，宜在边坡坡面覆盖30cm掺入部分营养土、保水剂和植物种子的土，改善植物生长条件。

2　采用三维土工网和土工格室防护法时，应用锚钉将三维土工网或土工格室平铺固定在风积沙坡面上，再填充草籽和有机土于三维网空腔或格室室内。锚钉长度不宜小于0.5m，横向间距不宜大于1.5m，纵向间距不宜大于0.5m。高出三维土工网和土工格室的营养土厚度宜为1cm。

3　用于沙漠地区公路边坡防护的三维土工网应满足表8.3.5的性能要求。

沙漠地区公路边坡防护三维植被网(垫)性能要求　　表8.3.5

规　格	两　层	三　层	四　层	五　层
单位面积质量(g/m^2)	≥220	≥260	≥350	≥430
厚度(mm)	≥10	≥12	≥14	≥16
纵向拉伸强度(kN/m)	≥0.8	≥1.6	≥2.0	≥3.2
横向拉伸强度(kN/m)	≥0.8	≥1.6	≥2.0	≥3.2

4　用于沙漠地区公路边坡防护的土工格室，片材厚度宜大于0.5mm，高宜为5cm，焊距宜为15～25cm，展开宽度宜为1.0～1.5m，其性能应满足表6.2.2-2及表8.3.3的要求。

采用边坡稳定措施与植物防护措施相结合，是沙漠地区公路边坡防护最为有效的方法。在公路建成初期，主要靠土工合成材料起防护作用，公路建成3~5年后，土工合成材料在环境条件作用下逐渐失效时，植物在其保护下已经得到了充分生长，植物的防护作用将逐渐显现。

植物防护措施主要为：在处理后的自然流线型风沙土边坡上或边坡稳定措施的最外层铺设厚度不小于5cm，并加入少量保水剂搅拌均匀的营养土，打孔、穴播植物种子，每穴3~5粒，或每亩播种1.5~2.0kg，播种深度2~3cm，覆土后踏实。其植物物种选择可参考当地主要耐旱品种，主要有沙蒿、沙打旺、杨柴、蒙古冰草、柠条、草木樨状黄芪等。当路堤高度大于1.5m时可采取分高度种植法，最上部为草本植物，中部为草本或低矮灌木类植物，最下部为灌木类植物。

8.4 线外固沙

8.4.1 土工合成材料应用于沙漠地区公路线外固沙，可采用土工织物袋（植物生长袋）固沙法、土工网沙障固沙法、土工方格沙障法、土工织物袋阻沙墙法等方法。

沙漠中的任何地方都会在风力的作用下形成风沙流，而公路的建设则形成了对风沙流的阻碍，使风沙流受阻。干旱、半干旱沙漠地区公路出现沙害是一种普遍现象，积沙是公路沙害的最主要表现形式之一，其影响车辆行驶安全、堵塞交通。为减少积沙对公路的影响，应当重视线外固沙。

近年来，我国沙漠比较集中的省、市、自治区，对土工合成材料应用于线外固沙做了大量的研究与工程尝试，通常采用土工合成材料与生物措施相结合的综合防治技术。土工合成材料主要起初期的防护作用，以及为植物的初期生长起先导保护作用，随着植物的生长与繁衍，乔灌草的覆盖率逐步增加，固沙作用逐步增强。

为确保沙区公路安全行车，应根据风玫瑰图，在靠近公路主风向侧的流动沙丘及风蚀严重地段，全面设置沙柳活沙障。沙障规格为 2m × 4m，网格沙障和带间距分别为 4m、6m、8m 的带状沙障等。在大型沙丘上设置土工植物生长袋（图 8-5）和土工网沙障（图 8-6）。

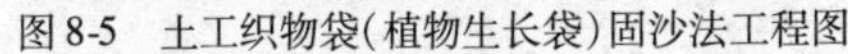

图 8-5 土工织物袋（植物生长袋）固沙法工程图

图 8-6 土工网沙障固沙法工程图

切断危害公路的沙源、降低沙丘移动速度乃至消除移动沙丘是保护公路安全的重要措施。风沙运动学理论研究证明，流动沙丘高度越高，其移动速度越缓慢。根据这一理论，可在远离公路的沙丘上全面设置沙障，达到用增加沙丘高度而减缓沙丘移动速度的目的。具体可在距公路主风向侧 200m 的范围内全面进行综合防治，建立乔灌草相结合的治理模式。在此范围内的高大沙丘上全面设置沙障，增加沙丘高度。为切断危害公路安全的沙源，在公路主风向另侧 100m 的范围内进行相应的绿化，以沙柳活沙障为主，并配置乔灌草植物种，营建防止风沙危害的绿化和美化的公路景观。

8.4.2 土工织物袋固沙法应将土工织物袋设置在公路主风向侧、连线垂直于来风向的流动沙丘坡面上，可在袋中装入沙土、肥料、营养土、保湿剂，打孔播入植物种子，形成植物沙障。土工织物袋应采用防老化尼龙袋，规格可为宽 15cm 或 20cm，长 2m；固沙带间距应根据现场风沙状况确定。

土工织物袋（植物生长袋）固沙法是利用土工织物袋装沙的整体性以及植物根系的联合作用，阻断上风所带来的流沙，减少乃至杜绝下风处沙子的流动。因此防护重点为主要来风方向的迎风坡面及砂脊线,设置防护范围为道路上风侧宽度200m,下风侧宽度100m。

8.4.3 土工网沙障固沙法应将沙障设置于公路主风向侧。沙障宜采用打桩悬挂土工网形式,土工网宽度宜为60~100cm,悬挂高度宜为40~80cm,土工网底部应埋入沙土中不少于10cm。

8.4.4 土工方格沙障法应将土工方格设置于迎风坡下部或迎风坡前腹沙地。土工方格可利用高10cm、15cm或20cm的抗老化土工合成材料网片,在流动沙面上就地安装制成,规格可为1m×1m、1.5m×1.5m或2m×2m。1m×1m方格宜用于迎风坡下部,1.5m×1.5m、2m×2m方格宜用于迎风坡前腹沙地。

8.4.5 土工织物袋阻沙墙法应将沙墙在治理区外围沙丘的沙脊线上直立摆放,形成沙障。沙墙可利用抗老化土工织物制成规格为宽40cm、50cm,长2m的土工织物袋,就地装流沙,堆砌形成。

8.4.6 线外固沙用土工合成材料应满足表8.4.6的性能要求。

沙漠地区公路线外固沙用土工合成材料性能要求　　表8.4.6

纵、横向极限抗拉强度(kN/m)	纵、横向梯形撕破强度(N)	老化残留强度	低温脆化温度(℃)
≥8.0	≥120	满足8.1.5条的要求	≤K-2.0

注:K——当地20年一遇极端最低气温。

用于线外固沙的土工合成材料通常以编织类为主。除沙障与阻沙墙会受到风力的作用外,通常不会受到其他力的作用。由于其始终暴露在外,沙漠地区的日照及紫外线强烈,因此,主要应当考虑其抗紫外线老化的性能。为此,提出了条文表8.4.6的材料性能要求。

8.5 施工要点

8.5.1 路基施工过程中，推土机、挖掘机、铲运机等施工机械不得直接在土工合成材料上作业。在铺设好的土工合成材料顶面设置的沙质保护层厚度不宜小于10cm。

8.5.2 土工格室在路基横断面方向不得拼接，纵向应平头顺接。上下层的接头应错开2m以上。

8.5.3 边坡侧限法施工中土工格室的堆筑与沙质路堤的填筑宜同高度进行。

9 膨胀土路基处治

9.1 一般规定

9.1.1 新建膨胀土路堑边坡、膨胀土路堑边坡的滑坍治理,以及裂隙水丰富、稳定性差的特殊土质、特殊地质边坡,可采用土工格栅加筋柔性支护技术进行综合处治。

膨胀土失水迅速收缩开裂,吸水急剧膨胀变形。膨胀土地区的公路频繁发生边坡滑坍、路基沉陷、道路损毁、构造物垮塌,而且破坏具有多次重复性,加之膨胀土不能直接用作路基填料,借、弃土大量占地,造成严重的水土流失和生态环境破坏。为此,交通运输部专门立项,组织多家单位对"膨胀土地区公路修筑成套技术"进行联合攻关,围绕公路膨胀土边坡的滑坍治理、膨胀土弃方的合理利用、膨胀土的判别分类、构造物地基基础设计及环境保护等关键技术开展系统研究,取得了集理论、方法以及勘察、设计、施工技术于一体的公路膨胀土治理系列技术,并在8省区23条高速公路和南水北调工程中广泛应用。本规范编入了该项目研究成果。

土工格栅加固膨胀土路堑边坡技术属于一种柔性支护技术。柔性支护主要指以土工合成材料加筋边坡土体为主,辅以其他必要综合处理措施的处治技术。其特点是不但能承受土压力,而且允许土体产生一定变形,可吸收边坡土体因超固结引起的应力释放和含水率变化产生的膨胀力。

9.1.2 采用土工格栅加固膨胀土路堑边坡时,应采用"两布一膜"复合土工膜等土工复合材料对边坡坡面、坡顶和坡体内部进行防排水和保湿防渗处理。

膨胀土处治的基本原则是保湿防渗,系统完善的防排水措施对于保证膨胀土路基长期稳定性至关重要。工程实践表明,采用土工织物、土工膜进行路基防排水和保湿防渗可以起到很好的效果。

9.2 材料选择与设计参数

9.2.1 膨胀土路基边坡加筋宜采用土工格栅,其性能应满足表9.2.1的要求。

土工格栅性能要求 表9.2.1

纵向极限抗拉强度	极限伸长率	应变5%时的抗拉强度
≥35kN/m	≤10%	≥20kN/m

对于膨胀土边坡加筋而言,土工合成材料的弹性模量越大,其延伸率越小,坡面的变形越小,吸湿条件下加筋材料对边坡变形的约束作用越明显,然而,过大的约束作用又会使被加筋膨胀土体增湿产生过大膨胀力,因此,要求土工格栅既具有一定的抗拉强度又具有一定的变形能力。结合工程实践经验,条文提出了表9.2.1的材料要求。

9.2.2 应用柔性支护技术处治膨胀土路堑边坡时,可采用膨胀土作为加筋体填料,施工时填料的稠度 w_c 应为 $0.95 \leqslant w_c \leqslant 1.35$。

当膨胀土填料的天然稠度 $w_c > 1.35$ 时,在压实时应适当洒水以保证压实度。

9.2.3 膨胀土用作土工格栅加筋路堤填料时,应按附录A的要求对膨胀土进行侧向浸水加州承载比试验(MCBR试验)。天然稠度为 $1.00 \leqslant w_c \leqslant 1.30$、MCBR > 3.9%、MCBR膨胀量 < 5.1%的膨胀土可用作路堤填料。

膨胀土直接用作路堤填料是否可行,关键在于膨胀土的工程性质特别是CBR、CBR膨胀量以及膨胀土的天然稠度。

已有的路基填料分类分级标准均存在局限性,尤其没有考虑可否直接用膨胀土做填料筑路这一关键技术。为此,“膨胀土地区公路修筑成套技术”课题组进行了膨胀土直接用作路堤填料的可行性研究,在此基础上给出了新的膨胀土填料分类分级标准。该标准包括了膨胀土填料的强度、变形和施工控制指标,以保证路基的强度、稳定性以及填筑施工的可操作性。

以往膨胀土不能作为路堤填料是因为膨胀土 CBR 通常小于 3%,达不到路基设计规范对填料承载力的要求。在开展膨胀土路堤填料可行性研究时,进行了中等膨胀潜势膨胀土(以下简称中膨胀土)的不泡水 CBR 试验,即模拟膨胀土路堤封闭包盖条件下的实际工况,获得了不泡水条件下中膨胀土的 CBR 与土体初始含水率的关系,如图 9-1 所示。试验结果表明,膨胀土在不泡水条件下,CBR 值较高,即只要将膨胀土路堤含水率的变化控制在一定范围,膨胀土填料完全能满足规范对路基承载力的要求。

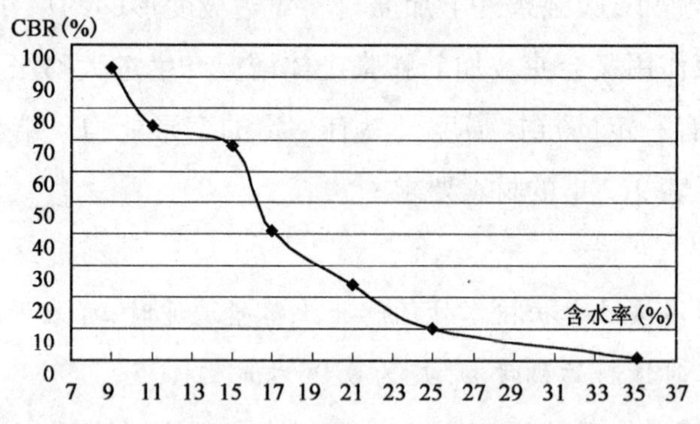

图 9-1 不泡水条件下 CBR 与含水率的关系

改进的 CBR 试验方法,即条文所述的侧向浸水的 MCBR 试验方法,在浸水方式、制件含水率、上覆压力三个方面进行了改进。一是浸水方式由顶部浸水改为侧向浸水,使得试件内部含水率至上而下趋于均匀(图 9-2);二是将采用干法重型击实最佳含水率制件改为采用湿法重型击实最佳含水率制件,使得膨胀土强度和水稳性最好;三是浸水时上覆荷载由 2.7kPa 改为 20kPa。试验结果表明:MCBR 试验方法能更加真实地评价膨胀土路用性能。采用这种方法,膨胀土 CBR 均增大至 3% 以上,能满足规范对路基填料承载力的要求,如图 9-3 所示。

含水率(%)
17 21 25 29 33
0 2 4 6 8 10 12
浸水深度(cm)
上部浸水
侧向浸水

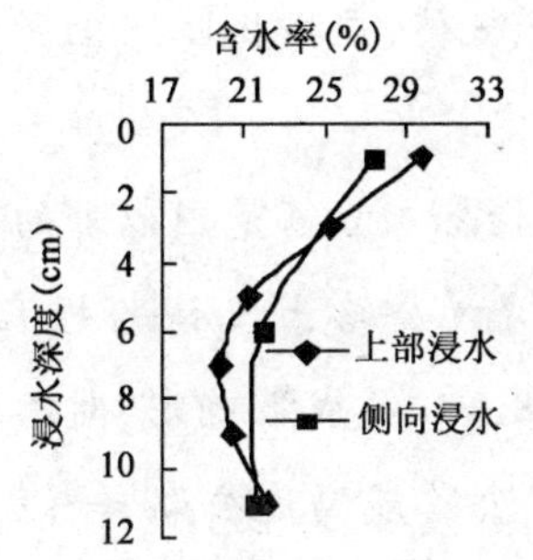

图 9-2 两种浸水方式下膨胀土含水率沿浸水深度的变化规律

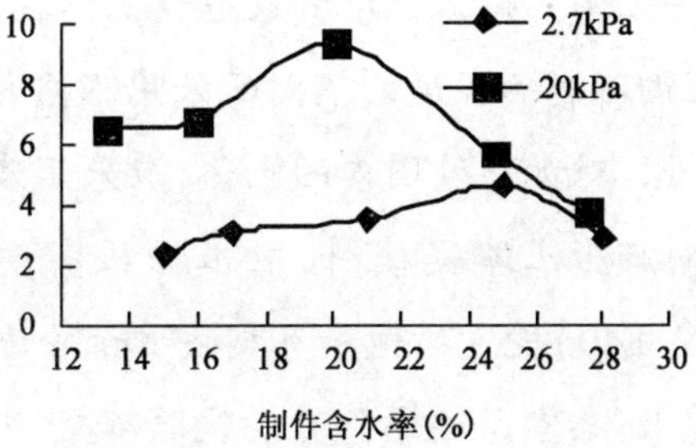

10 8 6 4 2 0
CBR(%)
12 14 16 18 20 22 24 26 28 30
制件含水率(%)
2.7kPa
20kPa

图 9-3 两种上覆压力下膨胀土 CBR 随制件含水率的变化

经过多个工程实践得到,天然稠度为 $1.00 \leqslant w_c \leqslant 1.30$、MCBR > 3.9%、MCBR 膨胀量 < 5.1% 的膨胀土可用作路堤填料。

9.2.4 膨胀土路堑边坡柔性支护结构所使用的“两布一膜”复合土工膜,规格宜为织物质量/膜厚/织物质量 = 200g/m^2/1mm/200g/m^2。

9.2.5 应通过地质勘察确定当地膨胀土活动区深度 H,根据 H 确定路基边坡加筋范围。

干湿循环作用是导致膨胀土路基边坡变形破坏主要肇因,膨胀土干湿循环显著影响区是确定膨胀土路堑边坡合理处治范围的重要依据。我国典型膨胀土地区活动区深度 H 参考值见表 9-1。

我国典型膨胀土地区活动区深度 *H* 参考值 表 9-1

地区	深度(m)	地区	深度(m)
云南鸡街	3~4	湖北荆门	1.5~2
云南江水池	3~5	湖北郧县	2.0
四川成都	1.5	湖北宜昌	2.1
广西南宁	2.5~3.0	河南南阳	3.2
广西宁明	2.5	河南平顶山	2.5
陕西安康	3.0	安徽合肥	2.0

9.2.6　膨胀土填料及边坡土体抗剪强度指标 c、φ 值，应根据膨胀土所受干湿循环影响程度的不同而采用不同的试验方法确定。

1　对加筋范围内的土体，应采用残余抗剪强度指标。加筋范围以外的土体，对膨胀土路堤填料，应根据压实度状况按照现行《公路土工试验规程》(JTG E40)规定的饱和直接快剪试验方法确定，或根据相关成果确定；对路堑边坡土体，宜通过原位剪切试验确定，对于二级以下公路或高速公路、一级公路的初步设计，也可采用原状土样室内剪切试验确定。

2　膨胀土与格栅的界面强度应按照现行《公路工程土工合成材料试验规程》(JTG E50)的拉拔试验测定。

膨胀土填料的设计参数主要有 c、φ、γ，填土重度 γ 一般由设计拟定，土体强度参数 c、φ 的取值应根据膨胀土受干湿循环影响程度的不同而不同。在加筋体部分，膨胀土填料处于干湿循环显著影响区内，因此，c、φ 应取残余抗剪强度指标。影响区以外，对膨胀土路堤填料可采用直接快剪强度指标；对于路堑，因膨胀土具有裂隙性，室内小尺寸试件不能反映其真实强度，因此宜采用现场原位直剪试验确定其抗剪强度指标。

9.3　结构形式

9.3.1　图 9.3.1a)所示膨胀土路堑边坡土工格栅加筋柔性支护结构，可用于新建道路；图 9.3.1b)可用于边坡的滑坍治理。

柔性支护结构是将土工格栅分层摊铺锚固，回填膨胀土压实形成足够厚度的加筋体，再辅以坡顶的封闭、加筋体背部及基底的排水处理而形成的。其支护作用在于：第一，格栅与填土间摩擦力和咬合力，尤其格栅层间的连接、反包可提供足够的抗剪强度，使加筋体构成一整体来抵抗边坡的作用；第二，柔性支护允许边坡产生一定的变形，可释放开挖边坡的大部分应力和膨胀力，"以柔克刚"；第三，坡率为 1∶1.5、厚度大于 3.5m、高度大于 2/3 坡高的柔性加筋体能覆盖路堑开挖的主要坡面，有足够的自重以抵抗土压力作用；第四，

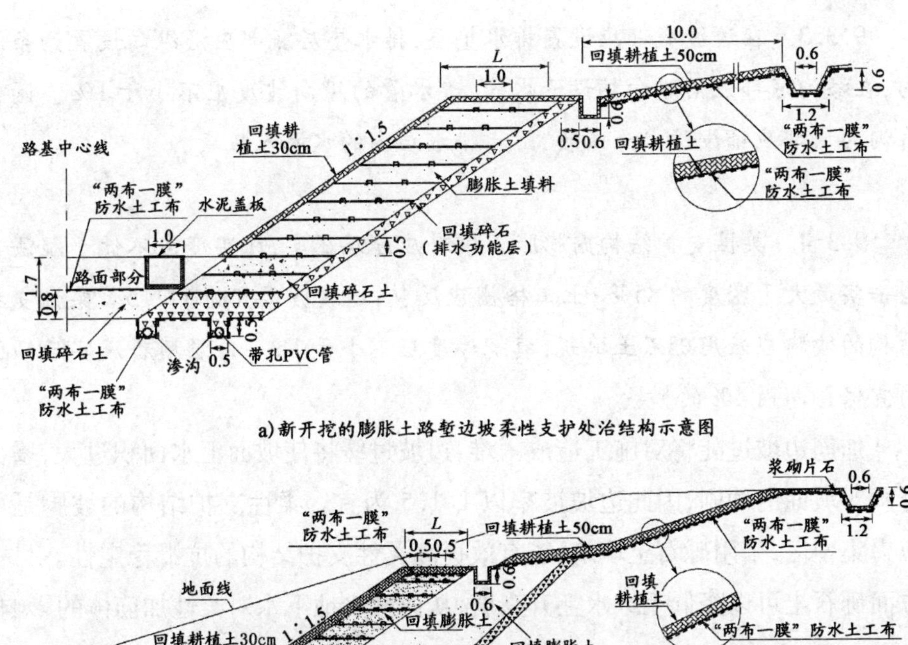

a)新开挖的膨胀土路堑边坡柔性支护处治结构示意图

b)滑坍膨胀土路堑边坡柔性支护处治结构示意图

图 9.3.1　土工格栅加筋膨胀土路堑边坡结构示意图(尺寸单位:m)

足够的加筋体厚度(大于有效活动层深度)可隔绝或防止风化作用对坡内膨胀土的影响,阻止裂隙的发展和浅表层滑坍。

9.3.2　在支护结构的背部应设置疏排裂隙水并吸收附近土体膨胀能的排水功能层,功能层可由 20～30cm 厚的碎石层组成,并应上下贯通连为一体,保证排水畅通。

柔性支护加筋体背部和底部排水层连成一体形成内部排水功能层用于疏排坡体的裂隙水。

9.3.3 在边坡底部应设置排水垫层,排水垫层底部应沿纵向设置两条渗沟,在渗沟底部应沿纵向铺设透水管,透水管的纵向坡度应不小于1%。两条盲沟的底部应铺设防水土工膜,防止排水层内的水渗入基底。

9.3.4 柔性支护结构内膨胀土填料应分层压实,压实度应不低于湿法重型击实最大干密度的85%;土工格栅应反包;边坡坡率宜为1:1.5。柔性支护结构的坡脚应采用砾石土填筑,填筑厚度应不小于1m。每层填料压实后顶面均宜保持向内4%的横坡。

加筋边坡过陡将对施工造成困难,边坡过缓将使坡面汇水面积过大,增大降雨对坡面的冲刷,因此边坡坡率以1:1.5为宜。柔性支护结构的坡脚是剪应力集中区,采用砾石土填筑,能有效提高柔性支护结构的抗滑稳定性。另一方面砾石土可以降低毛细水上升高度,从而减少地下水对柔性加筋体的影响。

9.3.5 坡顶外10m的范围内应清除耕植土,并铺设“两布一膜”复合土工膜,然后回填耕植土,种植草和灌木,防止坡顶干缩开裂后雨水下渗影响边坡稳定性。

9.3.6 柔性支挡结构的坡顶应设置排水沟,在坡顶铺设“两布一膜”复合土工膜时,应从排水沟底部绕过,防止地表水从该部位下渗。在坡顶复合土工膜的后端应设置浆砌片石截水沟,拦截坡后的地表水。

在截水沟下面应修建盲沟,盲沟下面应做好防渗以防止渗入暗沟的裂隙水下渗。在暗沟和截水沟的交界处,铺设两布一膜用于防渗。坡顶后部10m位置应设置截水沟,如坡后的地形比较平坦坡度小于1:10时截水沟下还应设置1.5m深的纵向渗沟。

9.3.7 土工格栅加筋膨胀土路堤可采用如图9.3.7所示的结构形式。膨胀土路堤底部的一定范围应采用具有良好压实特性的透水材料填筑,填筑

高度 H 应根据地下水位和地表可能的积水位确定。膨胀土路堤的顶部应采用非膨胀性黏土填筑，填筑厚度不宜小于1.5m。路堤中膨胀土填筑的总高度不宜大于6m，宜填筑于路堤的中、下部。

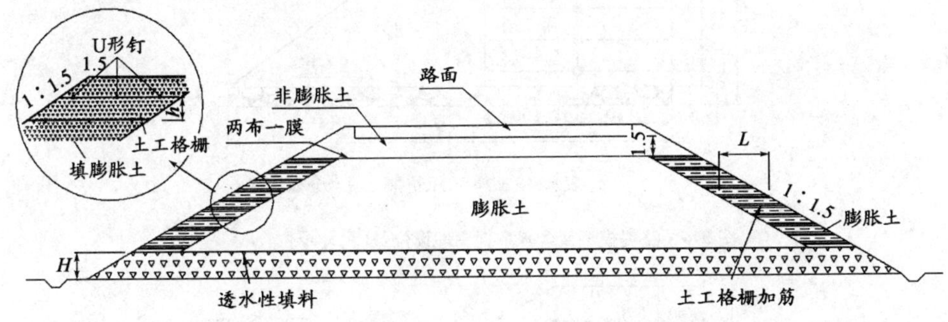

图9.3.7　土工格栅加筋膨胀土路堤横断面图(尺寸单位:m)

条文推荐的图9.3.7所示结构形式经过工程实践的长期检验，证明是可靠的土工合成材料加筋膨胀土路堤的工程结构。

“膨胀土地区公路修筑成套技术”课题组在室外开展了半幅膨胀土路堤的足尺模型试验。模型试验的底面尺寸为712.5cm×300cm、顶面尺寸为300cm×300cm、高330cm、边坡坡率为1∶1.5，用现浇10cm厚的混凝土板封底，其上满铺30cm的砾石层，砾石层四周围绕一连接进水管向内侧等间距开孔的环状管道，改变供水软管连接的水箱高可模拟不同地下水头。模型的两梯形墙和背板做好隔热层后，按试验设计直接在砾石层上分层填筑夯实好路堤并埋设监测元件，如图9-4所示。随后分五个阶段进行历时近一年的路堤含水率监测，结果如图9-5所示。

半幅膨胀土路堤的足尺模型试验表明，地下水对路堤的影响范围一般不会超过1m。考虑到地下水位和地表临时积水的变化，工程实践中膨胀土路堤底部透水材料多采用砾(碎)石土，填筑高度 H 一般大于2m。

为防止因膨胀土填芯部分路堤出现过大的工后沉降或不均匀增湿变形而造成路基路面结构的破坏，膨胀土用于下路堤主填区的填筑时，除非有专门论证结果的支持，其膨胀土有效填筑高度应小于8m。

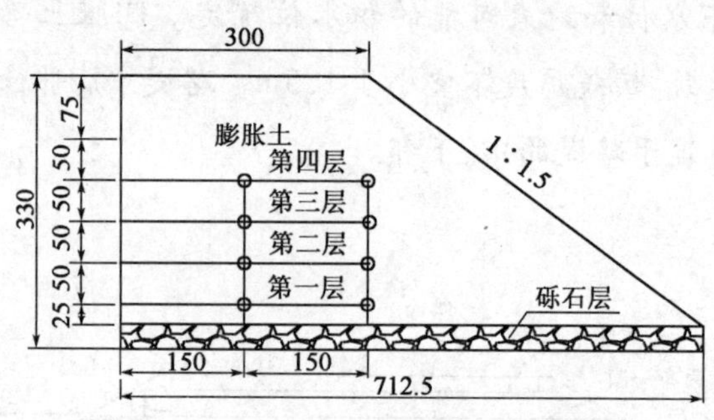

图9-4 路堤模型及含水率探头埋设位置(尺寸单位:cm)

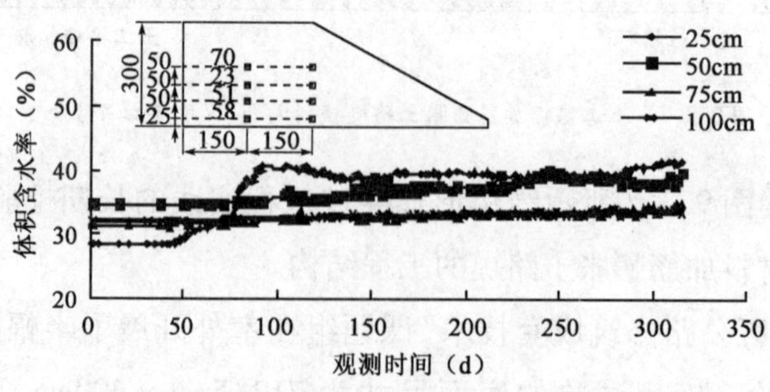

图9-5 不同层位含水率随时间的变化

9.3.8 应加强土工格栅加筋的路堑边坡和路堤边坡防护。在柔性支护结构的坡面应回填不小于30cm的耕植土，用人工或机械夯实，坡面植物防护应选择适应膨胀土环境的植物。

9.4 设计计算

9.4.1 膨胀土路基边坡土工格栅加筋结构的设计计算应包括土工格栅的铺设间距、铺设范围、加筋体稳定性分析等内容。

9.4.2 膨胀土路堤边坡和路堑边坡采用土工格栅加筋时，加筋层间距宜为 30～60cm。加筋宽度可参照当地大气影响活动层深度选取，宜为 3～6m。坡面处应将土工格栅回折反包，反包压入坡内的长度不应小于 1m。

由两层格栅之间的加筋体中取出一单元体，如图 9-6 所示。

由平衡方程得：

$$(p + \Delta p - p)h = \tau\Delta x = T + \Delta T - T \tag{9-1}$$

即

$$T = ph$$

式中：p——膨胀力；

h——单层加筋体高度，即加筋间距。

根据变形的相容性，膨胀土体增湿后的膨胀量应等于格栅受拉后的拉伸变形量，即：

$$\delta(p, w_0) = T/E_{\mathrm{T}} \tag{9-2}$$

式中：$\delta(p, w_0)$——$x = h/2$ 处土体的有荷膨胀率；

w_0——试件初始含水率；

E_{T}——格栅弹性模量；

T——格栅受到的张拉力，当格栅达到强度极限 T_s 时有：$T = T_s$。

其中，$\delta(p, w_0)$通过初始含水率条件下的有荷膨胀量试验获得，如图 9-7 所示。试验方法见《公路土工试验规程》（JTG E40—2007）。

$$P_s = \frac{T_s}{h_s}\delta = \frac{T_s}{E_{\mathrm{T}}}$$

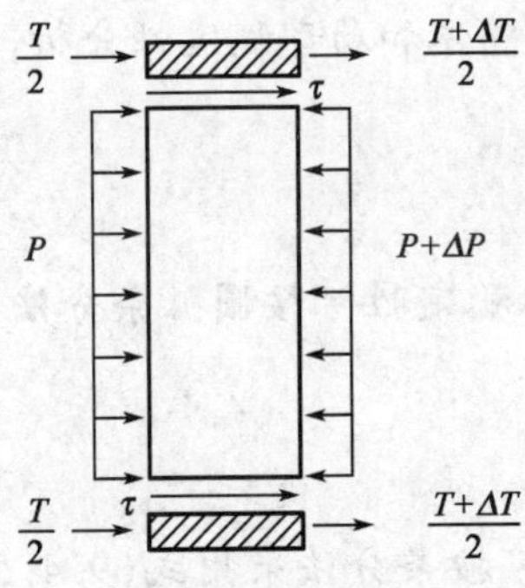

图 9-6　土工格栅加筋体受力示意图

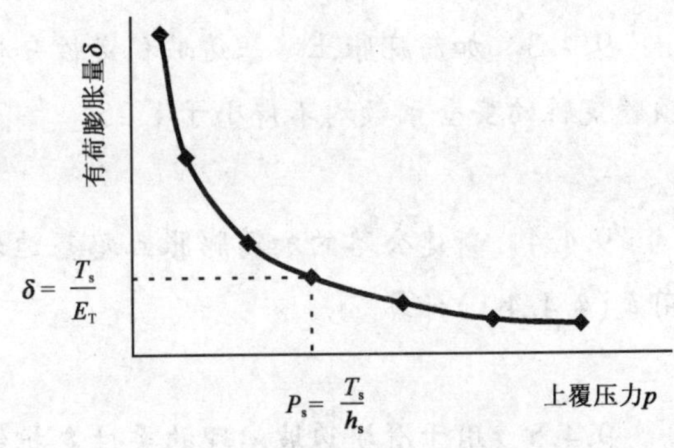

图 9-7　有荷膨胀量试验结果示意图

由有荷膨胀试验曲线可得，当格栅达到抗拉强度极限时，$\delta = \frac{T_s}{E}$，对应的膨胀力为 p_s，最后根据 $T = ph$，可得竖向加筋间距为 $h_s = \frac{T_s}{p_s}$。

在工程实践中，土工格栅的竖向加筋间距一般为0.3～0.6m。故为了简化设计过程，条文中没有要求按上述理论方法计算，而直接给出了推荐的加筋间距。

土工格栅加筋膨胀土路堤边坡和路堑边坡的加筋长度按式(9-3)计算。当计算加筋长度不足3m时取为3m，大于6m时取为6m。

$$L = k_2\left(\frac{\alpha H}{\sin\alpha} + B\right) \tag{9-3}$$

式中：L——加筋长度；

α——柔性支护结构的坡面倾角(rad)；

H——活动区深度；

B——锚固长度，可取为0.5m；

k_2——安全系数，可取为1.1～1.2。

为了简化设计过程，条文中没有给出加筋长度的计算公式，而直接给出了工程实践中常用的尺寸范围。设计时，可参考表9.2.5的活动区深度选取，无参考资料时则应通过勘测确定膨胀土活动区深度，进而确定加筋长度。

9.4.3 加筋膨胀土路基边坡稳定性分析包括整体和局部稳定性分析，各项稳定性的安全系数均不得小于1.25。

9.4.4 新建公路的加筋膨胀土路基边坡整体稳定性可按圆弧条分法采用式(4.4.4-1)计算。

9.4.5 用于滑坍边坡治理的柔性支护结构，可按条分法采用式(9.4.5)验算沿原破裂面的整体稳定性，如图9.4.5所示。

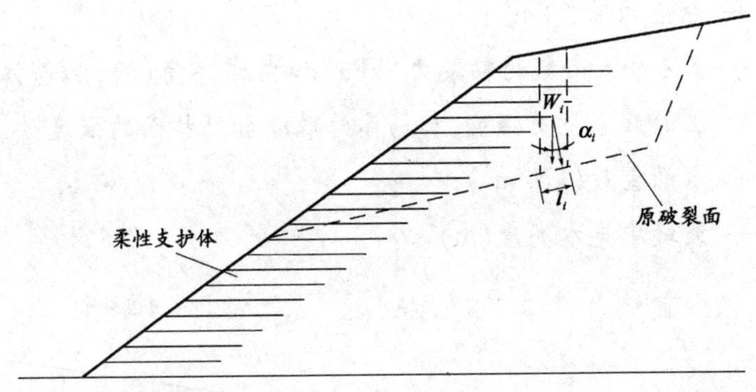

图9.4.5 用于滑坍边坡治理的柔性支护结构整体稳定性分析示意图

$$F_s = \frac{抗滑力}{下滑力} = \frac{\sum(c_i l_i + W_i \cos\alpha_i \tan\varphi_i)}{\sum W_i \sin\alpha} \tag{9.4.5}$$

式中：W_i——第 i 个土条的重力(kN/m)；

c_i、φ_i——第 i 个土条底的膨胀土黏聚力(kPa)和内摩擦角(°)，取膨胀土体的残余抗剪强度；

l_i——第 i 个土条底部滑动弧长(m)；

α_i——第 i 个土条重力方向与法线方向的夹角(°)。

9.4.6 当坡体存在软弱结构面时，如图9.4.6所示，应假设距坡顶一定距离处有一条垂直裂缝，考虑裂隙充满水后的水压力作用，用条分法按式(9.4.6)验算沿软弱结构面的整体稳定性。软弱结构面可能出现在筋土界面上时，应根据实际情况，分析可能的滑动面，验算其稳定性。

$$F_s = \frac{抗滑力}{下滑力} = \frac{\sum(W_i \cos\alpha_i - u_i)\tan\varphi_i + l_i c_i}{\sum W_i \sin\alpha_i + \frac{1}{2}\gamma_w h_w^2} \tag{9.4.6}$$

式中：α_i——第 i 个土条重力方向与法线方向的夹角(°)；

W_i——第 i 个土条土体重力(kN/m)；

u_i——软弱结构面上的静水压力(kN/m)，当软弱结构面深度大于开裂深度时不考虑；

l_i ——分条的弧长(m);

c_i、φ_i ——第 i 个土条底的黏聚力(kPa)和内摩擦角(°),加筋体内取膨胀土的残余抗剪强度,加筋体外取软弱结构面的强度;

γ_w ——水的重度(kN/m³);

h_w ——裂缝中充水高度(m)。

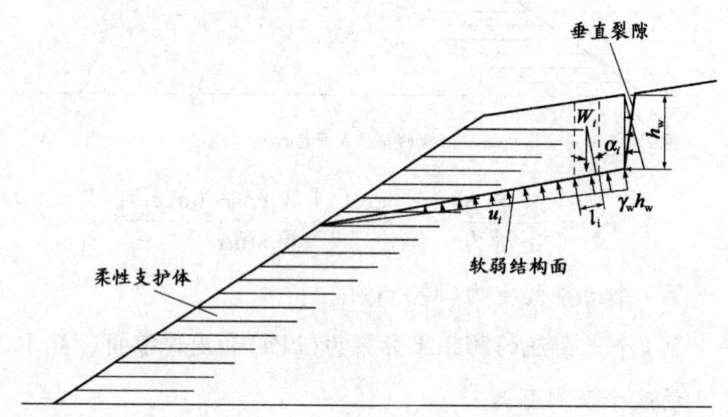

图9.4.6 具有软弱结构面的柔性支护膨胀土路堑边坡整体稳定性分析示意图

在加筋体内,软弱结构面也可能出现在筋土界面上。需根据实际情况,分析可能的滑动面,验算其稳定性。

9.4.7 加筋体局部稳定性可采用式(9.4.7-1)进行计算,计算时应假设加筋路基边坡的局部破坏发生在膨胀土干湿循环显著影响区内,滑体如图9.4.7中△ABC所示。

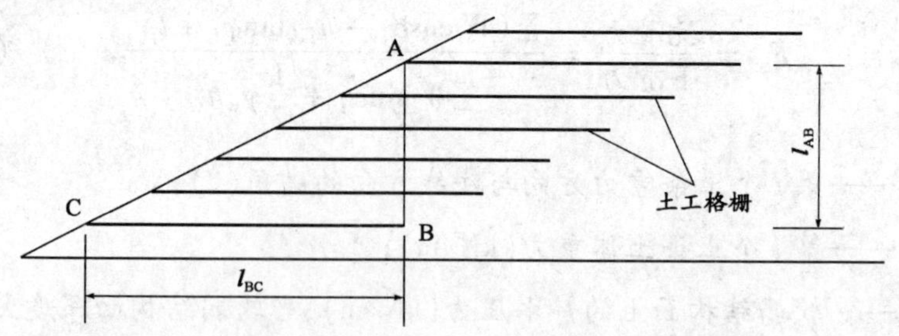

图9.4.7 土工格栅加筋膨胀土路基边坡局部稳定性分析示意图

$$F_{Ls}=\frac{抗滑力}{滑动力}=\frac{W_{\Delta ABC}\tan\varphi_{GS}+l_{BC}\cdot c_{GS}+T}{pl_{AB}} \tag{9.4.7-1}$$

式中：$W_{\Delta ABC}$——滑体△ABC的重力(kN/m)；

c_{GS}、φ_{GS}——筋土界面的似黏聚力(kPa)和似摩擦角(°)，可由常规直接快剪试验确定；

l_{AB}、l_{BC}——滑体后壁AB边和下部BC边的长度(m)；

p——A、B面上的平均膨胀压力(kN/m^2)，应根据有荷膨胀试验曲线得到；

T——取通过AB面上土工格栅拉力T_1与锚固力T_2两者中的小值(kN/m)；

$$T_1=\sum_{i=1}^{n}\frac{T_{Gi}}{RF} \tag{9.4.7-2}$$

$$T_2=\sum_{i=1}^{n}\frac{T_i}{F_e} \tag{9.4.7-3}$$

n——通过AB面的土工格栅层数；

T_{Gi}——通过AB面上第i层土工格栅的极限抗拉强度(kN/m)；

T_i——通过AB面上第i层土工格栅的锚固力(kN/m)；

RF——土工格栅强度折减系数，可取为1.25；

F_e——土工格栅抗拔出安全系数，可取为2.0。

膨胀土路堤边坡和路堑边坡部分是干湿循环显著影响区，当受到雨水影响时，易产生膨胀力导致局部破坏。条文给出的计算式是假设滑体为图9.4.7中ΔABC，通过极限平衡方法推导得出的。

表层膨胀土吸水后会发生膨胀变形，由于受到格栅的约束作用，会产生膨胀压力，当膨胀压力较大时，格栅会产生拉伸变形，变形的结果可以消散部分膨胀势，如果经衰减的膨胀压力仍大于格栅的抗拉强度，那么格栅将会拉断。因此，以此状态下格栅极限伸长率对应的膨胀力作为滑动力，来分析滑体ΔABC的稳定性。

根据《公路土工试验规程》(JTG E40—2007)的有荷膨胀量试验，可得膨胀土从缩限含水率增湿至饱和含水率时，上覆压力 p 与膨胀率 δ 之间的关系曲线，如图 9-8 所示。

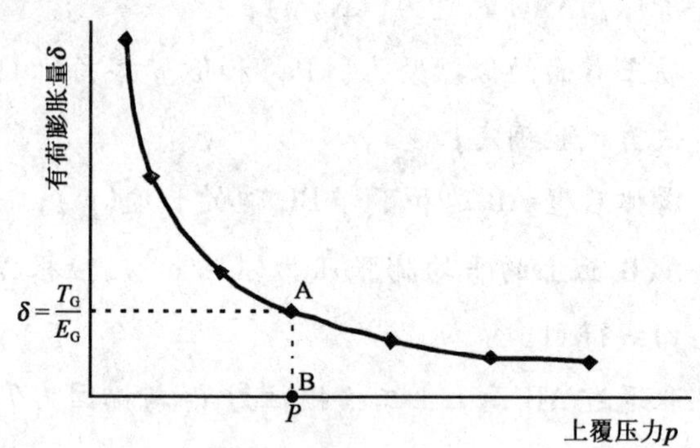

图 9-8　有荷膨胀量试验曲线示意图

这一关系，通常采用式(9-4)拟合表达。

$$\delta = Aw_0\ln p - B\ln p - Cw_0 + D \tag{9-4}$$

式中：w_0——初始含水率，通常取为膨胀土的缩限含水率；

A、B、C、D——有荷膨胀量试验曲线的拟合参数。

由图 9-8 的关系曲线，或由式(9-4)可得到格栅极限伸长率对应的膨胀力 p。格栅极限伸长率可采用 $\delta=\frac{T_G}{E_G}$来求得（T_G 为格栅的极限抗拉强度，E_G 为格栅的模量）。

9.5 施工要点

9.5.1　膨胀土路堑边坡柔性支护结构施工，应按设计要求清除基础表层松土，开挖渗沟，渗沟底应满铺“两布一膜”复合土工膜，埋设透水管并用碎石将沟覆盖，然后碾压基底。局部湿软时可采用掺灰、用土工格栅包裹碎石土回填等措施处理。

在膨胀土路堑边坡开挖过程中，若基础部位出现松土应全部清干净直到坚硬的土层。在基础开挖过程中若引起上部土体松动滑塌到基坑中，须将基坑中的松土清干净;如果基坑出现滑动软化,则可以采用换填好土,或者利用石灰或水泥改良膨胀土进行改良,分层填筑,然后采用压路机对基础进行压实,压实度要求大于或等于80%。柔性支护结构的基础应碾压成向边坡内倾斜的斜面,倾斜坡度为4%。

9.5.2 摊铺前应根据设计长度剪裁土工格栅,并按垂直于路中线方向铺设。主受力方向土工格栅不宜连接,必须连接时,应采用连接棒或钢筋条连接,连接长度不得小于30cm。两幅格栅间搭接宽度不得小于15cm,并应用U形钉固定。铺设时,应张紧格栅,夹紧连接棒,保证加筋土体的整体性和加筋的有效性。

应按照设计图纸进行测量放线,并用石灰粉标出边坡线和土工格栅包边线,以保证边坡的顺直以及设计坡率的实现。土工格栅按支护结构设计宽度+包边长度进行裁剪备用。第一层土工格栅与碎石层之间应摊铺2~3cm厚的非膨胀性黏土。

9.5.3 填料摊铺后应及时压实,松铺厚度不宜超过30cm。压实含水率应按湿法重型击实确定的最佳含水率进行控制。碾压后的路基外观应表面平整,无明显轮迹、松软起皮、起皱现象。

膨胀土的天然含水率通常较高,松铺过厚将难以压实。试验研究表明,天然含水率附近压实的膨胀土,其强度和水稳性最好,湿法重型击实最佳含水率比较接近天然含水率。因此,考虑路基的长期强度和稳定性,条文要求应用湿法重型击实试验确定的最佳含水率进行膨胀土填料压实控制。

9.5.4 在柔性支护结构顶部应铺"两布一膜"复合土工膜至截水沟处,并应在其上回填50cm厚非膨胀性黏土,拍实后种植灌木或植草,防止雨水下渗和水土流失。

9.5.5 土工格栅加筋膨胀土路堤的施工宜连续进行并避开雨季，施工过程中应做好防排水处理。当不能连续施工时，应用填土覆盖。膨胀土路堤填筑完工后，应尽快铺设“两布一膜”复合土工膜或厚度不小于1.5m的非膨胀性黏土层，实行有效封闭，封闭层应设置不小于2%的横坡。应及时进行坡面防护，减少雨水径流冲刷。

运料车在已张拉好的土工格栅上直接碾压，将造成格栅松弛甚至拉断，破坏加筋体的整体性。停工期间，为了避免格栅受阳光等紫外线照射老化，应用填土覆盖。膨胀土吸水膨胀软化，强度急剧衰减，失水收缩开裂，因此，膨胀土路基施工宜连续，尽量避开雨季。膨胀土路堤填筑完工后，及时做好路基的保湿防渗至关重要。

9.6 工程实例

实例一：广西隆林至百色高速公路

广西隆林至百色高速公路是国家“7918”高速公路网汕昆高速广西境内路段，全长177.5km，于2008年8月8日开工，2011年1月17日建成通车。其中K154～K176长约22km路段位于百色盆地及其边缘，为膨胀土路段。

施工中，开挖的膨胀土路堑边坡反复滑坍，采用挡土墙加固后仍不能保持稳定，挡墙以上边坡发生滑坍，150多万m^3借弃土方造成周边严重的生态环境破坏（图9-9、图9-10）。

图9-9 K154左侧膨胀土路堑边坡滑塌

图9-10 挡墙处治膨胀土路堑边坡后的破坏情况

对其中DK0+580~DK0+740、BK0+100~BK0+230、K154+700~K154+790长430m的膨胀土路堑边坡段采用柔性支护技术进行处理，节约直接工程费用约500万元，相对于坡脚挡墙方案节约造价50%，获得良好效果(图9-11、图9-12)。

图9-11　铺设土工格栅构筑柔性支护体

图9-12　完成后的路堑边坡情况

实例二：北京市六环高速公路

北京市六环高速公路是国庆60周年献礼工程，总长187.6km，于2009年9月12日实现全线贯通。其中，西六环K9+600~K10+800段沉积型膨胀土路堑边坡高25m，施工期间处治方案一直难以确定，施工严重滞后，直接影响整个环线按期通车，后采用柔性支护技术对其两侧边坡进行了处治。

整个处治施工用时不到30d，挖运膨胀土方达102842m^3，土工格栅加筋柔性支护体总面积达54477m^2，节约直接工程费用约1960万元，有效实现了边坡治理(图9-13、图9-14)。

图9-13　膨胀土路堑边坡柔性支护施工情况

图9-14　处治后的膨胀土路堑边坡情况

10 盐渍土路基处治与构筑物表面防腐

10.1 一般规定

10.1.1 盐渍土地区公路工程可采用土工合成材料隔离盐分迁移、防排水和构筑物表面防腐蚀等。

盐渍土是不同程度盐碱化土的总称，在公路工程中一般指地表下1.0m内土中易溶盐含量平均大于0.3%的土。根据土中含盐量的不同，公路工程上将盐渍土分成了弱、中、强、过等四个等级，见表10-1。

盐渍土分类 表10-1

盐渍土名称	细粒土 通过1mm筛孔土的平均含盐量		粗粒土 上层的平均含盐量	
	氯或亚氯盐渍土	硫酸或亚硫酸盐渍土	氯或亚氯盐渍土	硫酸或亚硫酸盐渍土
弱盐渍土	0.3 ~ <1.0	0.3 ~ <0.5	2.0 ~ <5.0	0.5 ~ <1.5
中盐渍土	1.0 ~ <5.0	0.5 ~ <2.0	5.0 ~ <8.0	1.5 ~ <3.0
强盐渍土	5.0 ~ 8.0	2.0 ~ 5.0	8.0 ~ 10.0	3.0 ~ 6.0
过盐渍土	>8.0	>5.0	>10.0	>6.0

与一般地质路段的公路工程相比，盐渍土地区筑路显著的不同点在于：

（1）在公路工程使用的自然环境中，盐渍土的三相状态会发生相互之间的转化，其中液相与固相之间的转化会造成土体中固相体积、孔隙率、液相含量的变化，从而影响了公路构筑物的稳定性与承载能力。这一变化会随着自然环境的变化，周而复始地发生，对公路造成不利影响。

（2）土中含有易溶盐，会在自然条件下结晶或溶解，并造成土体体积的膨胀或收缩，影响路基路面的稳定态势。

（3）土中的易溶盐会在低矿化度水流作用下溶解并流失，造成土体黏聚力的降低以及孔隙率的增加。

(4)土中易溶盐会与公路构筑物中的金属及硅酸盐制品等建筑材料发生化学反应,使构筑物腐蚀,造成构筑物的强度降低,甚至完全溃散坍塌,从而影响了公路的服务水平和使用寿命。

在盐渍土地区的公路工程中,应用土工合成材料,可以较好地解决隔离与防腐蚀问题,为盐渍土地区公路路基处治与构筑物防腐蚀提供了另一种途径。盐渍土地区公路工程常见病害如图 10-1 所示。

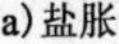
a)盐胀

b)溶蚀

c)构筑物腐蚀

图 10-1　盐渍土地区公路工程常见病害

10.1.2　盐渍土地区公路路基隔离与防排水宜采用复合土工膜,构筑物表面防腐蚀宜采用土工织物。

复合土工膜可以形成隔断层,限制乃至完全隔断土中水体的移动通道,防止盐分在公路结构层内迁移、积聚。近年来的工程实践证明,采用复合土工膜作为隔断层,有效、方便、经济。

盐渍土地区公路构筑物的腐蚀是由易溶盐的侵蚀作用引起的,因此,只要切断盐分与混凝土接触的途径,就能有效阻止或延缓公路构筑物的防腐蚀进程。通过盐渍土地区公路构筑物的腐蚀机理研究得到:盐渍土地区公路构筑物防腐技术的三字方针为“隔、阻、缓”,采用土工合成材料辅以防腐涂料制成复合防腐层为有效的解决方法。

盐渍土地区构筑物防腐,多采用表面涂覆防腐涂料的方法,但防腐涂料涂敷厚度过大会发生流淌,涂覆厚度过小则防腐效果不佳。另外,西部盐渍土地区自然环境复杂,防腐涂料在极端干旱、大温差的作用下经常发生开裂、起壳、揭皮等病害,使防腐措施失效。为防止防腐涂料的流淌、开裂、起壳、揭皮等,增强盐渍土地区公路构造物的防腐效果,减少易溶盐对公路构筑物的腐蚀,可采用吸附能力强的土工合成材料敷贴或包裹被防护的对象。

土工合成材料在公路构筑物表面防腐工程中所起的主要作用是增加了防腐涂料对防护表面的附着力,增加了防腐涂料的厚度,从而形成较好的防腐封闭层,切断盐分与混凝土接触的途径,有效阻止或延缓公路构筑物的防腐蚀进程,使得防腐效果更好,防腐作用期更长。

10.2 路基隔离与防排水

10.2.1 应根据盐渍环境及工程特点、重要性等因素,选择合适的复合土工膜作为盐渍土地区路基隔断层。弱盐渍土地段,可选用一布一膜的复合土工膜;中、强、过盐渍土地段,应选用两布一膜或三布两膜的复合土工膜。复合土工膜的性能指标应满足表10.2.1的要求。

用于盐渍土地区路基隔断层的复合土工膜性能要求　　表10.2.1

性能指标	复合土工膜类型		
	一布一膜	两布一膜	三布两膜
布(质量,g/m^2)/膜(厚,mm)	布/膜 ≥(250/0.25)	布/膜/布 ≥(150/0.3/150)	布/膜/布/膜/布 ≥(100/0.25/100/0.25/100)
总厚度(mm)	≥1.9	≥2.4	≥3.5
极限抗拉强度(kN/m)	≥14	≥17	≥24
极限伸长率(%)	≥30		
CBR顶破强度(kN)	≥2.5	≥3.0	≥3.5
撕破强度(kN)	≥0.35	≥0.42	≥0.60
垂直渗透系数(cm/s)	$K \times (10^{-9} \sim 10^{-12})$		

盐渍土中的易溶盐是一种在自然环境下可以在液相与固相间互为转换的物质,其转换的媒体主要是土中的水分。设置隔断层限制乃至完全隔断土中水体的移动通道,是防止盐分在道路结构层内迁移、积聚的有效方法。

用作隔断层的土工合成材料通常为一布一膜、两布一膜或三布两膜的复合土工膜,其中膜主要起隔断作用,布主要起保护的作用。复合土工膜的选择应综合考虑公路等级、路基所处的水环境、盐环境、布的工作环境等因素。当公路等级较高,水环境较差时,可选择较厚的膜或多层膜;当施工工作环境较差,可能对膜造成破坏时,或盐渍化严重的地区,应选择较厚的布;当隔断层上下均为细粒土或一面为细粒土时,可使用一布一膜。用作隔断层土工膜的选择见表10-2。

用作隔断层土工膜的选择　　表10-2

盐渍化程度		弱	中	强	超
高速公路及一级公路	最低膜数	一膜	二膜	二膜	二膜
	最小膜厚(mm)	0.25	0.25	0.25	0.30
二级公路	最低膜数	一膜	一膜	二膜	二膜
	最小膜厚(mm)	0.25	0.30	0.25	0.25
三级及以下公路	最低膜数	一膜	一膜	一膜	二膜
	最小膜厚(mm)	0.25	0.25	0.30	0.25

当施工条件许可,且能保证膜不破坏时,膜和布可以不复合而一起使用,但膜和布同样应满足条文给出的性能要求。

10.2.2　应根据公路沿线的土质类型和水文条件,以及防治目的等进行综合分析,合理确定隔断层位置,使上路堤不受下部盐、水影响,保证路床的强度与稳定性。

1　当填料为非盐渍土或易溶盐含量较小时,应将土工合成材料隔断层设置在地基与填料之间,防止路基填料产生次生盐渍化。

2　新建高速公路及一级公路的填方路堤隔断层应设置在路床顶1.5m以下,高出地表长期积水位20cm或地面50cm以上,并应不小于当地的最大冻深;二级和二级以下公路的隔断层应设置在路床顶0.8m以下,高出边沟流水位,并应满足冻胀深度要求。

3　采用路基换填与隔断措施综合处理的改建路段,隔断层顶面的位置应在换填下缘或其层间下部。挖方路段隔断层应设置在新建路面垫层底面30cm以下,边沟流水位20cm以上。

4 路段经过大面积强或过盐渍土地区,且路基填料易溶盐含量较大时,可同时在填筑体表面或土基中最高地下水位的位置设置土工合成材料隔断层,隔断水分迁移通道,防止地面水渗透造成填料淋溶性病害。

隔断层的不透水性可能会导致隔断层下面聚集水分和盐分,造成软弱夹层,如硫酸盐含量聚集过多会成为盐胀性土层。此时,如隔断层埋置深度不够,隔断层以上填土和路面结构等上覆荷载不能抑制聚积盐胀性土的盐胀力,会产生膨胀,破坏上层结构,引起路面开裂。据有关研究,当盐胀路基上部非盐胀覆盖层厚度大于1m时,盐胀对路面的作用将大大减少。土工合成材料隔断层铺设施工如图10-2所示。

图10-2 土工合成材料隔断层铺设施工

10.2.3 土工合成材料隔断层应全断面铺设,在地表铺设时可适当加宽。

10.2.4 当土工合成材料隔断层设置在细粒土中时,其上下应分别设置不小于20cm的砂砾排水层。砂砾排水层的粉黏粒含量不得大于10%,最大粒径不得大于50mm。

10.2.5　土工合成材料铺设面应平整、密实，无坚锐凸出物，并应设置与路基表面相同的横坡。

10.2.6　土工合成材料应沿路线纵向铺设，铺设应平整，无折皱。纵向搭接应内幅压外幅，搭接宽度不宜小于20cm，最外侧一幅搭接宽度应大于30cm；横向搭接宽度应大于50cm。

10.2.7　当填筑材料内易溶盐含量较高、地面水的矿化度较高且路基有可能受地面水流影响时，应采取有效措施，避免地面水渗入填料中。

10.3　公路构筑物表面防腐

10.3.1　采用土工织物进行构筑物表面防护时，应根据干湿影响区范围和位置，合理确定土工织物使用的部位。

1　当构筑物基础较浅，有条件使防腐作业连底进行时，防腐设置范围应从基底到设计水位的浪溅影响线以上1m；当构筑物基础较深，无条件使防腐作业连底进行时，防腐设置范围应从枯水位以下1m到设计水位的浪溅影响线以上1m。

2　当构筑物仅受地下水影响时，应对20年一遇地下水位影响区及上下各1m构筑物表面进行防腐处置。

在盐渍土地区，对公路构筑物腐蚀最为严重的部位为水分迁移所导致的干湿影响区，此区域包括流水影响区及毛细水影响区。

10.3.2　公路构筑物表面防腐宜选择对防腐涂料渗透性和吸附性强的土工织物。当防护位置处于地面以上时，土工织物室内紫外线辐射强度为550W/m^{2}照射150h的抗拉强度保持率应大于80%。

盐渍土地区构筑物防腐，多采用表面涂覆防腐涂料的方法，但防腐涂料涂敷厚度过大会发生流淌,涂覆厚度过小则防腐效果不佳。西部盐渍土地区自然环境复杂,防腐涂料在极端干旱、大温差的作用下经常发生开裂、起壳、揭皮等病害,使防腐措施失效。为防止防腐涂料的流淌、开裂、起壳、揭皮等,增强盐渍土地区公路构造物的防腐效果,减少易溶盐对公路构筑物的腐蚀,防腐用土工织物应对防腐涂料具有良好的渗透性与吸附性。

我国盐渍土地区往往日照时间较长,常水位以上土工合成材料会受到光老化的潜在威胁,因此,条文结合工程实践,参照《公路工程土工合成材料　无纺土工织物》(JT/T 667—2006)的有关指标,提出了土工织物抗老化要求。

10.3.3　公路构筑物表面防腐可采用包裹法和面贴法。对混凝土或金属建造的桩、柱等孤立构筑物,宜采用包裹防护法,如图10.3.3-1所示,搭接部位应位于平面或缓弧面上,搭接宽度 L 应大于25cm;对混凝土或金属建造的大体量构筑物墙面等,可采用面贴防护法,如图10.3.3-2所示。

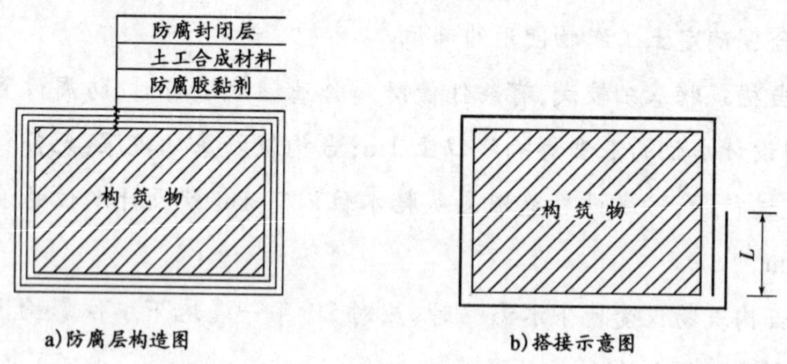

图10.3.3-1　土工织物包裹防腐法示意图

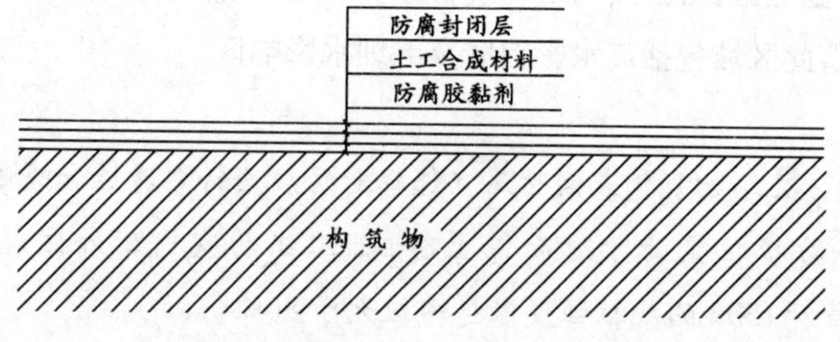

图10.3.3-2　土工织物面贴防腐法示意图

规范仅列出了构筑物表面防腐的通常方法。青海省交通厅、青海省高等级公路建设管理局在察尔汗至格尔木高速公路通过察尔汗盐湖地段建设过程中,针对盐湖地区桥涵基础防腐蚀的严酷现实,提出了土工合成材料袋装混凝土灌注桩技术。其利用土工合成材料耐腐蚀的特点,在钻孔灌注桩施工中,将土工合成材料制成土工袋,钻孔后将土工袋下装到孔内,然后在土工袋内下钢筋笼、灌注水泥混凝土。采用这种方法,将灌注桩与腐蚀介质分隔开,克服盐渍土环境对混凝土的腐蚀,可供类似工程借鉴。

10.3.4 防腐层施工前应去除防护对象表面所黏附的盐类、土类等污染物。当防护对象表面存在松散、裂缝、松动、坑槽等病害时,应彻底根治,并填补平整。

10.3.5 防腐底料应具有较强的渗透性,能渗透并堵塞防护区全部开口孔隙,防腐底料的涂刷数量应保证表面成膜,不得流淌。

10.3.6 防腐胶黏剂与防腐底料及选用的土工织物应充分黏结。

10.3.7 包裹(敷贴)土工织物应平整、紧固,不得在包裹(敷贴)面下形成气泡。

10.3.8 防腐封闭剂的涂刷应完全覆盖土工织物包裹面(敷贴面),形成一定厚度的封闭膜。

11 路面裂缝防治

11.1 一般规定

11.1.1 土工合成材料可用于减少或延缓由旧路面裂缝对沥青加铺层的反射裂缝,或半刚性基层、刚性基层裂缝对沥青面层的反射裂缝。

土工合成材料在路面工程中的作用主要是减少反射裂缝的数量或延缓反射裂缝发生的时间。

有关资料认为,土工合成材料设置在沥青路面面层上部可减少温度裂缝,设置在下部可防止反射裂缝,在(底)基层底部可增加半刚性材料的疲劳寿命。国外应用表明,考虑到最终使用寿命内的养护、修补等花费,路面中采用土工合成材料可以节约12% ~16%的资金。

土工合成材料使用的效果受现有路面结构强度、损坏和修补情况、加铺沥青层厚度、气候条件、土工合成材料的种类、施工工艺等因素影响,不正确的施工和使用会影响沥青路面的性能,诱发其他类型的破坏(如泛油、面层材料剥落、推移等),导致应用失败。

11.1.2 土工合成材料用于防治反射裂缝时宜铺设于旧沥青路面、旧水泥混凝土路面沥青加铺层的底面,或新建半刚性、刚性基层沥青路面的沥青层底面。

土工合成材料可铺设于旧沥青路面、旧水泥混凝土路面的沥青加铺层底部,减少或延缓由旧路面裂缝对沥青加铺层的反射裂缝。

新建沥青路面施工中发现基层养生后已经有裂缝,为了减少反射裂缝的影响,新建公路半刚性基层、刚性基层沥青路面的沥青面层底部,减少或延缓由半刚性基层、刚性基层裂缝对沥青面层的反射裂缝。

对于老路补强，为了减少老路反射裂缝，同样可以采用土工合成材料进行处理。

11.1.3 应用于路面裂缝防治的土工合成材料可采用玻璃纤维格栅、聚酯玻纤土工织物、无纺土工织物等。

路面工程中应用的土工合成材料产品种类繁多，根据这些材料的特点可分为土工格栅和土工织物两大类。

玻璃纤维格栅是一种以玻璃纤维制成的平面网格状材料，抗拉强度高，抗拉模量大，延伸率小。其自粘、延展性好的特性，解决了施工中存在的一些问题，已被一些国家应用于机场道面和路面加铺层。

1986 年 11 月 Brown 教授根据北美、欧洲和远东对 Tensar 格栅的使用效果，在中英公路与城市交通会议上介绍了 Tensar 格栅的应用情况，认为可减少车辙 50%，可防止反射裂缝，沥青面层厚度可减少 36%。1989 年 R. Haas 教授的报告认为采用 Tensar 格栅、玻璃纤维格栅是防止沥青罩面层反射裂缝的有效选择。1992 年 Steinberg 总结了美国四个州十多年的使用经验，指出 Tensar 格栅能减少车辙，加强面层，提高寿命，具有良好的经济效益。日本近几年来在多项大工程中研究采用了英国 Tensar 格栅和法国 Bay Mills 公司的玻纤网加筋沥青混凝土，肯定了它们对防止反射裂缝、减少车辙均有明显效果。

土工织物用于沥青面层在于利用其良好的整体性、连续性和耐久性，防止沥青路面过早开裂，提高抗永久变形能力，同时土工织物和黏层油结合之后具有良好的防水效果，可以防止沥青面层开裂之后因路表水入渗而造成路面结构的水损坏，并在一定程度上提高路面的抗车辙能力，从而增加路面的使用寿命。

土工织物用于沥青路面面层和加铺层防止沥青面层的反射裂缝也是土工织物在沥青面层中最广泛的用途之一。许多试验路的资料表明，土工织物的应用可以在相同的面层厚度情况下，提高路面的抗反射裂缝能力，并在一定程度上提高路面的抗车辙能力，从而增加路面的使用寿命。但也有资料表明，与其他方法相比，土工织物作用并不显著，甚至由于土工织物的不正确施工和使用会影响沥青路面的性能，诱发其他类型的破坏（如泛油、面层材料剥落、推移等）。一般的研究结果认为：柔软、延伸率大的土工织物铺于加铺层下可以起到类似橡胶沥青夹层的应力吸收效果，有效防止反射裂缝，而且由于织物在低温下良好的性质，它的防裂效果甚至优于橡胶沥青夹层。

从机理上讲，应用玻璃纤维格栅主要是利用材料的抗拉强度和抗拉模量降低荷载应力和应变，阻止裂缝向路面延伸，因此要求其强度高，延伸率小；土工织物的抗拉强度一般较小，其主要起隔离作用，降低层间的黏附阻力，并利用其变形能力吸收裂缝尖端应力的奇异性，从而降低加铺层内因温度下降引起应力的奇异性，以减少温度型反射裂缝，因此一般要求材料有一定的强度，并满足一定的延伸率要求。

11.2 材料选择与设计参数

11.2.1 用于沥青路面裂缝防治的玻璃纤维格栅应满足表 11.2.1 的要求，其余技术指标应满足现行《玻璃纤维土工格栅》（GB/T 21825）的规定。

用于路面裂缝防治的玻璃纤维格栅要求 表 11.2.1

技术指标	技术要求
原材料	无碱玻璃纤维，碱金属氧化物含量应不大于 0.8%
网孔形状与尺寸	矩形，孔径宜为其上铺筑的沥青面层材料最大粒径的 0.5 ~ 1.0 倍
极限抗拉强度	≥50kN/m
极限伸长率	≤4%
热老化后断裂强度	经 170℃、1h 热处理后，其经向和纬向拉伸断裂强度应不小于原强度的 90%

沥青面层加铺的土工合成材料类似于薄膜，根据薄膜受荷分析理论，对材料断裂强度和断裂伸长率提出了要求。道路裂缝的发展分为两个阶段，首先是疲劳开裂，这时结构层底部拉应力是控制应力；其次，裂缝产生后，能量沿新

产生的自由面消散,从而导致裂缝扩大。刚度较大的格栅类材料可以承担较大的底部拉应力,并且通过嵌锁作用提高结构层整体刚度,延缓疲劳开裂产生。

玻璃纤维格栅是一种以玻璃纤维制成的平面网格状材料,单根材料直径较小,不易形成隔离层,但它具有抗拉强度大、弹性模量高、耐高温、耐腐蚀、低延伸率、物理化学性能稳定、嵌锁和限制作用强等特点,使用实践表明其加筋效果较好,施工较简单。

用于裂缝防治的玻纤格栅应满足《玻璃纤维土工格栅》(GB/T 21825)的规定。玻璃纤维格栅网格尺寸以网眼目数和网眼尺寸表示。网眼目数指沿经向或纬向每25.4mm长度内的孔数,网眼目数为1,对应的公称网孔中心距为25.4mm;网眼尺寸指相邻两组经纱(纬纱)边缘之间的净距离。目前的产品有两种网孔尺寸,形状均为矩形,一种是网眼目数为1的,另一种是网眼目数为2的,应根据沥青混合料的粒径大小进行选择,网孔尺寸宜为其上铺筑的沥青面层材料最大粒径的0.5~1.0倍。

玻璃纤维格栅强度是要求的主要指标,断裂强度应不小于50kN/m,最大负荷断裂伸长率应不大于4%。

玻璃纤维格栅一般均能承受较高的温度,但对其耐高温的性能变化应做出要求。材料的选用应根据工程具体情况而定,无论采用何种材料,均应注意严格设计、严格施工,否则会严重影响其使用效果。

11.2.2 用于沥青路面裂缝防治的聚酯玻纤无纺土工织物应满足表11.2.2的要求。

用于路面裂缝防治的聚酯玻纤无纺土工织物技术要求 表11.2.2

单位面积质量	抗拉强度	极限抗拉强度纵、横比	极限延伸率(纵、横向)	CBR 顶破强度
125~200g/m^2	≥8.0kN/m	1.00~1.20	≤5%	≥0.55kN

11.2.3　用于沥青路面裂缝防治的长丝纺粘针刺非织造土工织物应满足表11.2.3的要求,应单面烧毛,其余技术指标应满足《公路工程土工合成材料　长丝纺粘针刺非织造土工布》(JT/T 519)的规定。

用于路面裂缝防治的长丝纺粘针刺非织造土工织物技术要求　表11.2.3

单位面积质量	极限抗拉强度	CBR顶破强度	纵、横向撕破强度	沥青浸油量
≤200g/m²	≥7.5kN/m	≥1.4kN	≥0.21kN	≥1.2kg/m²

用于沥青面层加铺的土工织物主要是长丝纺粘针刺非织造土工布和聚酯玻纤土工布。用于裂缝防治的长丝纺粘针刺非织造土工织物应满足《公路工程土工合成材料　长丝纺粘针刺非织造土工布》(JT/T 519)的规定,用于裂缝防治的其他土工织物也应满足相应行业标准的规定。

土工织物既不能过薄,也不能过厚。过厚易导致上下层结合不好而出现剥离现象,单位面积质量小于或等于200g/m²。同时要求土工织物耐210℃以上高温,否则受沥青混凝土摊铺时高温影响,土工织物材料性能会发生明显变化。为防止土工织物粘贴后施工车辆轮胎的粘动,长丝纺粘针刺非织造土工布须经单面烧毛工艺处理,摊铺时烧毛面朝向。

11.2.4　用于沥青路面裂缝防治的聚丙烯非织造土工织物应满足表11.2.4的要求,应单面烧毛,其余技术指标应满足《公路工程土工合成材料　短纤针刺非织造土工布》(JT/T 520)的规定。聚丙烯非织造土工织物直接与摊铺温度200℃及以上的沥青混合料接触时,应进行工程试验验证其可用性。

用于路面裂缝防治的聚丙烯非织造土工织物技术要求　表11.2.4

单位面积质量	抗拉强度	极限抗拉强度纵、横比	极限延伸率(纵、横向)	CBR顶破强度	沥青浸油量
120~160g/m²	≥9.0kN/m	≥0.80	≤40%	≥2kN	≥1.2kg/m²

聚丙烯非织造土工织物的熔点为165℃。相关研究和北方部分地区的实际经验证明,在下层温度较低的施工条件下,聚丙烯非织造土工织物可以适应沥青路面施工时的温度要求。鉴于我国取得的经验尚不丰富,条文中提出在

应用于高温混合料前,应加强室内外试验,验证其可行性,取得地区性经验后再推广应用。

11.3 加铺设计

11.3.1 土工合成材料应用于路面结构中,应铺设于沥青面层的底部,可采用满铺和条铺方式,结构形式如图 11.3.1-1~图 11.3.1-3 所示。

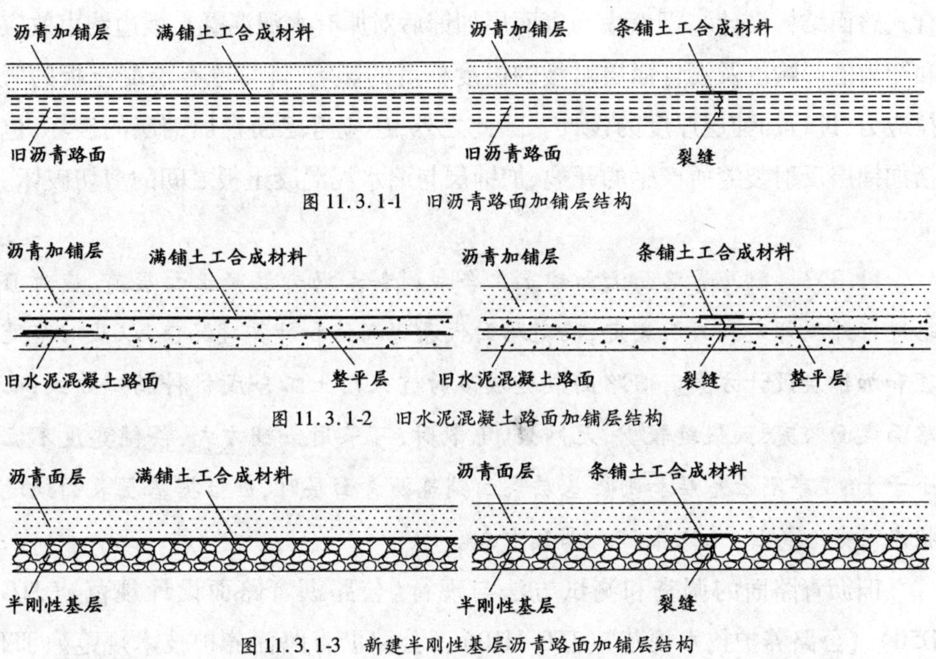

图 11.3.1-1 旧沥青路面加铺层结构

图 11.3.1-2 旧水泥混凝土路面加铺层结构

图 11.3.1-3 新建半刚性基层沥青路面加铺层结构

11.3.2 应用土工合成材料防治路面裂缝,路面结构形式及加铺层厚度不得因加铺了土工合成材料而改变。高速公路和一级公路的旧水泥混凝土路面上加铺层厚度不宜小于 10cm,其他等级公路的加铺层厚度不宜小于 7cm。

虽然有资料得出加铺土工合成材料可减薄路面厚度,但由于我国在这方面的研究还不深入,目前尚无可靠的数据支持这一结论,也未提出相应的设计计算方法,因此,条文规定路面结构及厚度的设计仍与未铺土工合成材料时相同。

旧沥青路面的加铺应按现行《公路沥青路面设计规范》(JTG D50)进行结构组合与结构厚度设计。

旧水泥混凝土路面直接加铺沥青面层时,应按现行《公路水泥混凝土路面设计规范》(JTG D40)进行结构组合与结构厚度设计,沥青加铺层设计应考虑沥青加铺层表面功能的破坏和原有水泥混凝土板承载破坏两大类破坏。在现行规范中主要针对后一类结构破坏进行有沥青面层的混凝土板结构设计(复合式路面结构设计),即考虑沥青面层加铺后对原有水泥混凝土板边约束效应和受力的影响以及沥青面层对板的温度梯度的影响,计算原有混凝土板的弯拉应力,进行加铺层厚度的设计。除此之外,还应考虑沥青加铺层的破坏,包括加铺层反射裂缝所产生的开裂、加铺层与旧水泥混凝土板之间的剪切破坏。

11.3.3 旧沥青路面上加铺土工合成材料和沥青混凝土面层前,应对旧路进行外观评定和弯沉测定,确定路面代表弯沉值和计算弯沉值,以及旧路处理和加铺层设计方案。旧路面裂缝较多时宜采用土工合成材料满铺方式;旧路面表面较完好,裂缝较少,无网裂、龟裂时,可采用条铺方式,条铺宽度不宜小于1m。半刚性基层和刚性基层表面铺筑沥青面层时,应根据基层表面裂缝状态及分布特征,采用条铺或满铺方式。

旧沥青路面的调查和测试方法与现行《公路沥青路面设计规范》(JTG D50)、《公路养护技术规范》(JTG H10)、《公路沥青路面养护技术规范》(JTJ 073.2)相同。

11.3.4 旧水泥混凝土路面加铺沥青混凝土面层,在铺设土工合成材料前,应对旧水泥混凝土路面进行强度及外观评定,并对病害进行修复,设置沥青混合料整平层。

水泥混凝土路面加铺沥青面层所遇到的主要问题是水泥混凝土路面板的稳定性。实践表明,如果水泥混凝土路面出现脱空,加铺沥青路面的效果将不理想。江苏省104国道的使用实践表明，必须将水泥混凝土路面破碎，然后用重型压路机碾压，再加铺20cm的二灰碎石及8～10cm沥青混凝土面层；在沥青混凝土路面下层可以放置一层玻璃纤维格栅，路面结构层设计按沥青路面设计规范计算确定。破碎混凝土顶面的综合模量在100～230MPa之间，但实际采用时建议进行实测，得到其计算回弹模量值。

脱空评定可采用路面雷达、FWD等先进设备进行测试，也可根据雨天观测或雨后翻板测定。传荷能力测定可采用弯沉法。

11.3.5　土工合成材料的铺设宜对接铺设。确需搭接时，玻璃纤维格栅短边搭接长度不宜大于20cm，并根据摊铺方向，将后一端压在前一端部之下，搭接处应采用固定器固定；长边搭接长度不宜大于10cm，搭接处可采用尼龙绳或铁丝绑扎固定，固定点间距不应超过1m。土工织物短边搭接长度不宜大于15cm，并根据摊铺方向，将后一端压在前一端部之下，搭接处应采用固定器固定；长边搭接长度不宜大于10cm，搭接处可直接用黏层油黏结。

11.3.6　玻璃纤维格栅宜先铺设，再洒铺热沥青作为黏层油，黏层油上应洒布单一粒径碎石加以保护，碎石用量宜按满铺的40%～55%确定；应先洒布黏层油再摊铺土工织物，上层沥青混合料摊铺前不必再洒黏层油；黏层油不宜采用乳化沥青。热沥青或黏层油的类型和用量可按表11.3.6确定。

热沥青或黏层油的类型与用量　　表11.3.6

土工合成材料类型	热沥青或黏层油	
	类　型	用量(kg/m^2)
玻纤格栅	普通石油沥青	1.2～1.4
	改性沥青或橡胶沥青	1.6～2.0
长丝纺粘针刺非织造土工织物	普通石油沥青	1.2～1.4
	改性沥青或橡胶沥青	1.4～1.8
聚酯玻纤土工织物或聚丙烯土工织物	普通石油沥青	0.8～1.0
	改性沥青或橡胶沥青	适当增加沥青用量

土工织物的持油量是一个重要指标,以使织物—沥青具有不透水性,并与面层和基层具有良好的黏结。目前规范还难以明确具体的沥青用量,用量太少黏结力不够、防水性差,太多易泛油。持油量的大小与土工织物的材质、单位面积质量(厚度)等有关,一般以土工织物浸透沥青饱和为宜,沥青用量可通过试验确定,需填满织物的内部孔隙和表面不平整处。FHWA 建议沥青饱和度 0.9L/m^2,德国赫司特公司推荐的标准为 1.1L/m^2。

据法国资料介绍,浸透沥青在界面层中起着主要作用。经统计得出,沥青对延迟产生裂缝起着 2/3 的作用,而土工合成材料起着 1/3 的作用。选用沥青一般为石油沥青或改性沥青、橡胶沥青,尽可能不使用乳化沥青。对于无纺织物,可将黏层油用量控制在 1~1.2kg/m^2。

法国推荐根据织物受荷后的厚度、单位面积质量和土工织物聚合物密度,沥青用量可按下式计算:

$$V = \left(b - \frac{m}{\gamma}\right) + \gamma \tag{11-1}$$

式中:V——沥青用量(L/m^2);

b——受荷后土工织物厚度(mm);

m——土工织物单位面积质量(g/m^2);

γ——土工织物聚合物密度(kg/m^3);

γ——下承重层所需沥青(L/m^2),随基层表面而定,一般为 0.3~0.6L/m^2。

奥地利 POLYFELT 有限公司推荐浸透土工织物的沥青有效用量可以按下式计算:

$$Q = Q_0 + Q_S + Q_C \tag{11-2}$$

式中:Q_0——常规修筑路面时的沥青黏层用量(L/m^2);

Q_S——一般沥青饱和土工织物的用量(L/m^2);

Q_C——路面条件修正系数(0.1L/m^2)。

Q_0 一般取值为 0.2~0.3L/m^2;Q_S 应由织物厂家提供,若无资料时,可借助简单试验确定，取值为 0.9L/m²；Q_C 则随旧路面的状况而不同，一般取值为 0.1L/m²。

德国赫司特公司推荐 Travira 无纺织物—沥青黏层的沥青用量视路面条件不同而有差异。路面表面平整、坚实、无坑洞时，沥青用量取 1.1L/m²；有裂缝时取 1.4L/m²；有开口裂缝时取 1.7L/m²。

条文所推荐的用油量则是在总结工程经验的基础上提出的。

11.4 施工要点

11.4.1 采用土工合成材料防治旧路面上加铺沥青面层的反射裂缝，应对旧水泥混凝土路面的板底脱空、面板破碎、断板等病害进行修复，对旧沥青路面的坑槽裂缝等病害进行修补，并对旧路面进行清洗(扫)。

旧路面的各类病害直接影响到加铺层和土工合成材料的效果，路面不清洁则会影响加铺层与原路面的结合，为此，提出了条文的要求。

11.4.2 应对修复后的旧水泥混凝土路面进行整平，整平层宜采用沥青砂或细粒式沥青混凝土，整平后的平整度应小于5mm；当旧水泥混凝土路面整体结构性好，路面平整时，也可不摊铺整平层，但应清除接缝中的填料与杂物，并灌填沥青，对旧路面进行清洗(扫)。

路面如果很不平整，沥青面层的压实度不能保持一致，容易出现局部坑槽，因此，条文提出了整平的要求。

11.4.3 满铺法铺设土工合成材料时，应先将一端用固定器固定，用机械和人工张紧后，用固定器固定另一端。张拉伸长率宜控制在 1.0% ~1.5%。固定器可采用固定钉和固定铁皮，固定钉可采用水泥钉、射钉或膨胀螺钉，钉长宜为 8 ~10cm，膨胀螺钉直径宜为 6mm；固定铁皮可采用厚 1mm、宽 3cm 的铁皮条。

水泥混凝土路面上固定玻璃纤维格栅的方法与沥青混凝土基本相同,但水泥混凝土路面由于强度大,需采用高功率射钉枪,使之无松动现象。

11.4.4 条铺玻璃纤维格栅时,宜采用人工张拉并粘贴至对应的接(裂)缝,固定两端,再洒布黏层沥青,黏层沥青上应撒布单一粒径碎石。

直接加铺沥青面层时,层间界面结合至关重要,黏层沥青应具有足够的黏度和用量,以保证层间的结合力和层间抗剪强度。为防止施工过程车轮将土工织物卷起,要求在黏层沥青上洒布单一粒径碎石。

为加强条铺玻璃纤维格栅材料与原旧混凝土路面板的黏结,应对应接(裂)缝粘贴,固定两端,再洒布黏层沥青和撒布单一粒径碎石加以保护。条铺长丝纺粘针刺非织造土工织物时,先洒布黏层沥青,再人工张拉土工织物粘贴,再在土工织物上人工洒布少量热沥青,然后在黏层沥青上撒布单一粒径碎石加以保护。碎石粒径大小和撒布量应根据具体情况确定,粒径大小应与上层沥青混合料公称粒径相匹配,见表 11-1;碎石撒布量为相同面积满铺所需单一粒径碎石用量的 40% ~55%,然后用轮胎压路机碾压成型。撒布碎石的目的是保护热沥青封层在施工过程中不被施工运料车辆轮胎和摊铺机履带破坏,防止沥青黏层被热沥青混合料熔化后粘轮而影响施工。

热沥青黏层上单一粒径与沥青混凝土最大公称粒径的匹配表 表 11-1

沥青混合料类型	AC-30	AC-25	AC-20	AC-16	AC-13	AC-10
沥青混凝土最大公称粒径(mm)	31.5	26.5	19	16	13.2	9.5
黏层上单一粒径尺寸(mm)	16 ~ 19	16 ~ 19	13.2 ~ 16	9.5 ~ 13.2	9.5 ~ 13.2	4.75 ~ 9.5

稀撒碎石之间是互不接触的,当摊铺沥青混凝土时,高温沥青混合料嵌入碎石间隙中,使沥青膜受热熔化,碾压密实后,白碎石变成了沥青碎石,并嵌入了该沥青结构层底部与其形成一个整体,并在结构层底部形成 1.5cm 左右的“富油层”,可有效起到黏结、封水的作用。

11.4.5　条铺土工织物时,应先洒布黏层油,再人工张拉土工织物粘贴。黏层油宜采用普通石油沥青。

11.4.6　进行沥青路面施工时,施工车辆不得在土工合成材料表面转弯。

12　质量管理及检查验收

12.1　一般规定

12.1.1　应加强对原材料的质量控制，严把原材料质量关，杜绝不合格的原材料进场。生产厂家和经销单位所提供的土工合成材料及其辅助产品，应具有产品质量合格证和国家认可检测部门的技术性能检测报告。施工中，施工单位应根据要求的频率对进场原材料进行检测试验，监理工程师应进行抽检，合格后方可用于工程。

对涉及结构安全稳定和重要使用功能的原材料，除供应商提供出厂合格证书之外，施工企业或建设单位还应按相关施工验收规范中的要求，对进场材料按规定的种类、批量、参数做进场复验，合格后方可使用，不得自行增减批量、项目。

12.1.2　施工单位应建立健全工地试验、质量检查及工序间的交接验收等制度；试验、检查应做到原始记录齐全、数据真实可靠。

施工单位应对产品性能质量和工程特性有足够的了解，同时，应加强施工现场的试验检测工作，对达不到质量标准的施工项目，及时分析原因，调整施工工艺，及时进行补救处理，确保工程质量控制由试验检测数据说话，避免凭经验办事等盲目的质量控制。

12.1.3　监理单位应根据工程内容要求、试验测试手段与方法，确定工程监理计划，安排监理人员，制订监理方案，加强现场旁站工作，做好监理记录和拍摄照片或录像等实态记录。

监理单位应做好以下方面的工作：

(1)监督检查施工单位的质量管理和现场质量控制情况,以及对公路工程关键部位和隐蔽工程的旁站、检查工作和对各施工工序的质量检查情况;认真做好关键工序和隐蔽工程的旁站,并应留有相关的文字、照片、录像等实态记录。

(2)监督检查施工、试验检测设备是否合格,试验方法是否规范,数据是否准确,试验检测频率是否符合有关规定。

(3)监督检查材料采购、进场和使用等环节的质量情况,并公布抽查样品的质量检测结果,检查关键设备的性能情况。

12.2 材料验收与存储

12.2.1 施工单位所购材料应附有生产厂家质保书。进场的材料应随带对应的合格证、出厂检测报告等产品质量合格证明材料,施工单位应核对材料的产地、品种、规格、批次、外观、生产日期、数量,确保与合格证相符。核对无误后应按表 12.2.1 的规定进行抽样检验。

规定以"批"为单位,这是因为一个工程可能要分几次购入材料,材料、生产厂家可能发生变化,故规定每批都得试验。数量太少时,不宜分批购入,以免影响材料稳定性。

12.2.2 施工前应对拟采用的土工合成材料,根据设计文件提供的设计指标要求,按表 12.2.1 所列试验项目和频度,委托具有相应资质的单位进行相关试验。施工过程中,当土工合成材料及其连接材料等来源发生变化时,应重新进行试验。

各类土工合成材料在进入工地之前,生产厂商应按国家有关规定,对产品逐批检验。运至工地的建筑材料(含原材料、半成品及成品),必须有生产厂家出具的生产合格证、材质试验报告或生产许可证,且经监理认可。验收过程中,施工单位或采购人应委托专业检测部门对货物本身的性能进行检测验收。

施工单位进行自检，监理工程师亦应进行一定频度抽检，合格后方可用于工程。

表12.2.1所列试验项目比较全面，未列出的握持拉伸、撕裂、圆球顶破等指标可在做材料对比试验时作参考指标。土工合成材料品种较多，且功能往往兼而有之，设计单位在规定技术指标和试验项目时，可根据设计目的、土工合成材料的品种，对试验项目作适当增减；施工单位应根据设计文件所提设计指标进行相关试验。

12.2.3　施工单位工地试验室应配备相应的检测仪具，能进行表12.2.3所列的土工合成材料基本试验，能满足现场施工质量控制和检验的需要。

12.2.4　验收合格的土工合成材料应按要求存储，并做好防火工作。土工合成材料的装卸、转运和堆放应严格执行厂家提供的装卸吊运方式方法。不同土工合成材料应分类堆放，最大堆放高度以厂家提供的数据为准，或根据现场条件在确保安全的前提下具体确定；产品应用黑色包皮包装，运输、储存和堆放均应避免阳光照射，并应保持通风、干燥和远离高温源。

土工合成材料，一是在阳光照射下容易老化，二是容易燃烧，故土工合成材料的运输、储存和堆放，应避免阳光照射，并远离热源。产品运输时应有标签，标明生产厂、编号、生产日期及产品规格等。

产品在装卸运输过程中，不得抛摔，避免与坚锐物品混装运输，避免剧烈冲击。运输应有遮篷等防雨、防日晒措施。土工合成材料不宜露天存放，应避免日光长期照射，并离热源大于5m；堆场要求基底平整、坚实，沥水、防洪，远离易燃易爆物品，与有腐蚀性的化学物品隔离，注意保持场地通风干燥；对紫外线敏感易老化的土工合成材料必须室内存放，并在生产厂家提供的质保书规定的有效期内使用。材料的转运应尽量保持包装完好，经过裁剪的材料转运前要用专门的吊带捆扎；任何在运输过程中有损坏的材料，应视其损坏的情况，部分或全部废弃。

表 12.2.1

土工合成材料试验项目

目的及拟采用的材料 / 试验项目	加筋		排水	过滤	防渗/隔离	坡面防护		冲刷防护		防治差异沉降		路面防裂		频度
	土工织物	土工格栅/格室	排水材料	土工织物	土工膜	土工网	土工格栅/格室	土工织物	土工模袋	土工织物	土工格栅/格室	土工织物	玻璃纤维格栅	
单位面积质量	★	△	★	★	★	★	△	★	★	★	△	★	△	1 次/10000m^2
厚度	△	△	★	★	★	★	△	★	★	△	△	△	△	1 次/10000m^2
孔径	×	★	△	△	×	★	★	×	×	×	★	×	★	1 次/10000m^2
几何尺寸	★	★	★	★	★	★	★	★	★	★	★	★	★	1 次/10000m^2
垂直渗透系数	×	×	★	★	×	×	×	★	×	×	×	×	×	1 次/10000m^2
水平渗透系数	×	×	★	★	×	×	×	★	×	×	×	×	×	1 次/10000m^2
有效孔径	×	×	△	★	×	×	×	△	×	×	×	×	×	1 次/10000m^2
淤堵	×	×	★	★	×	×	×	△	×	×	×	×	×	1 次/10000m^2

续上表

目的及拟采用的材料 / 试验项目	加筋		排水	过滤	防渗/隔离	坡面防护		冲刷防护		防治差异沉降		路面防裂		频度
	土工织物	土工格栅/格室	排水材料	土工织物	土工膜	土工网	土工格栅/格室	土工织物	土工模袋	土工织物	土工格栅/格室	土工织物	玻璃纤维格栅	
耐静水压	×	×	×	×	★	×	×	×	★	×	×	×	×	1次/10000m^2
拉伸强度	★	★	△	△	×	△	△	△	×	★	★	★	★	1次/10000m^2
CBR 顶破	★	×	★	★	★	×	×	★	★	★	×	★	×	1次/10000m^2
刺破	★	×	★	★	★	×	×	△	△	★	×	★	×	1次/10000m^2
节点/焊点强度	×	★	×	×	×	★	★	×	×	×	★	×	★	1次/批
直接剪切摩擦	★	★	×	×	×	×	×	×	×	★	★	×	△	1次/批
拉拔摩擦	★	★	×	×	×	×	×	×	×	★	★	×	△	1次/批

注：1. ★为必做试验项目；△为选做试验项目；×为不做试验项目。

2. 试验频度亦可根据工程规模、所用材料数量由设计单位或监理单位确定。当材料数量不足10000m^{2}时，抽样频度亦取1次。

3. 当土工合成材料兼起两种或多种功能时，应测试各功能所包含的所有试验项目。

表 12.2.3

土工合成材料工地试验项目

目的及拟采用的材料 \ 试验项目	加筋		排水	过滤	防渗/隔离	坡面防护		冲刷防护		防治差异沉降		路面防裂		频度
	土工织物	土工格栅/格室	排水材料	土工织物	土工膜	土工网	土工格栅/格室	土工织物	土工模袋	土工织物	土工格栅/格室	土工织物	玻璃纤维格栅	
单位面积质量	★	△	★	★	★	★	△	★	★	★	△	★	△	1 次/批
厚度	△	△	★	★	★	★	△	★	★	△	△	△	△	1 次/批
孔径	×	★	△	△	×	★	★	×	×	×	★	×	★	1 次/批
几何尺寸	★	★	★	★	★	★	★	★	★	★	★	★	★	1 次/批
拉伸强度	★	★	△	△	×	△	△	△	×	★	★	★	★	1 次/批

注:1. ★为必做试验项目;△为选做试验项目;×为不做试验项目。

2. 工地试验频度按所购材料的批次进行,如每批次大于5000m^2,为一批。

12.2.5　表12.2.1和表12.2.3所列试验项目应按现行《公路工程土工合成材料试验规程》(JTG E50)的规定及其他试验规程的规定进行。

12.3　试验路段

12.3.1　对高速公路和一级公路,以及在特殊地区或采用新技术、新工艺、新材料的工程,在应用土工合成材料的工程正式开工前,应结合工程提前修筑试验段。修筑试验段应对材料选择和施工工艺进行检验和完善,重点完成以下几方面的工作:

1　检验土工合成材料的选材与设计方案、试验方案是否合适,能否达到工程预期目的;

2　根据试验路段施工情况提出施工设计图的修改建议;

3　确定工程项目全线指导性的施工组织方案和工艺,包括施工机械设备组合、施工过程、施工质量控制方法与指标等;

4　完善项目施工质量保障体系,细化质量管理制度,确定工程质量评价指标、标准等。

对于一些小型工程或用量很少的工程,无须铺筑试验段;但对于高速公路和一级公路等大型基建工程,或土工合成材料应用数量较大时,应在开工前铺筑试验路。铺筑试验路必须有明确的目的,并在试验路铺筑后认真研究,提出报告,经审查取得监理工程师同意后方可用于正式施工。

修筑试验路段的目的是为了取得施工经验,检验并优化设计方案、施工技术方案和施工工艺。因此,试验路段应根据现场工程条件、工况、器械、施工技术水平等,确定合适的土工合成材料技术参数,填料压实厚度、松铺系数等,以指导土工合成材料应用工程的施工。

12.3.2　试验路段施工前应编制试验研究大纲,制订详尽的试验研究计划,并进行专门的现场观测设计。

试验段在施工前必须编制施工组织设计,制订详尽的施工方案。试验段施工方案应通过试验手段和科学方法确定,不得凭经验拟定,随意违背规范施工,盲目试验;应根据现有的施工条件,选择有代表性的施工机械及试验设备。

试验段施工应由专人负责,在整个试验段施工时,应加强对有关指标的检测,并认真做好各项数据的观测与记录工作,以便试验完毕后及时对比分析试验数据,确定最佳目标值作为指导施工的依据。原始记录应在现场填写,并办理签认手续,各项指标的检测应详细记录,并及时进行验收。

完成试验段各项检测项目后,即写出试验报告。根据观测数据对试验路段的施工方案、方法、工艺效果予以评估,总结经验,为指导全线施工、加强工程管理提供依据。当发现设计有缺陷时,应根据监理工程师的要求,提出修改设计报告。

12.3.3 试验路段应选在地质条件、断面形式及工程要求均具有代表性的路段,宜选取在主线上施工方便的路段,长度不宜小于100m。对选定的场地,应加强勘察及土工试验,保证勘察成果的可靠性和代表性。

12.4 检查验收

12.4.1 土工合成材料分项工程以及所在分部和单位工程,其交工及竣工验收的质量检查评定,应在满足基本要求规定,无外观和质量缺陷,保证资料真实并基本齐全的前提下,按照现行《公路工程质量检验评定标准 第一册 土建工程》(JTG F80/1)的有关规定进行。

12.4.2 施工质量验收应遵循“验评分离、强化验收、完善手段、过程控制”的原则。隐蔽工程在工程施工过程中及隐蔽之前应做好施工过程记录以及相关验收手续,未经验收,不得隐蔽。

公路土工合成材料应用项目施工完成且具备验收条件时，应及时组织验收。未经验收或者验收不合格的，不得交付使用或者进行后续工程施工；工程项目施工完成后，施工单位应会同监理、建设单位检查验收，合格后方可交工；工程验收合格后要将土工合成材料、辅助材料的出厂质量证明文件和复试检测报告，同验收文件、记录、照片、录像一起存档。工程验收合格后，应派专人负责管理维护，以免影响下道一序或其他因素造成人为损坏。

12.4.3 检查验收时应随机抽样。现场随机取样位置的确定，应按照部颁有关规范进行；对属于隐蔽工程的部位，应以检查图片、样品和原始资料为主，必要时可开挖检查。

按照检查验收的内容、重点和项目，随机抽验确定符合检查要求的项目。在检查过程中，受检工程和项目有关负责人应携带相关资料，并回答检查组提出的问题。隐蔽工程和建成后不易检测的分项、分部工程，应审查施工、监理单位和原始资料。

12.4.4 土工合成材料工程质量应符合以下基本要求：

1 土工合成材料质量应符合设计要求，外观无破损、无老化、无污染。

2 在平整的下承层上按设计要求铺设、固定土工合成材料。铺设的土工合成材料应无皱折、紧贴下承层，锚固端施工应符合设计要求。

3 土工合成材料的铺设层数、范围、方向和连接应符合设计要求。上、下层土工合成材料搭接缝应交替错开。

12.4.5 对满足基本要求的土工合成材料应用工程，应按表12.4.5-1～表12.4.5-9规定的实测项目进行质量检验。下承层的要求和检查频度应满足现行《公路工程质量检验评定标准　第一册　土建工程》(JTG F80/1)的相应条款。

土工合成材料与地基质量检验实测项目　　表 12.4.5-1

项目	序号	检查项目	允许偏差或允许值		检查方法
			单位	数值	
主控项目	1	土工合成材料强度	%	≤5	拉伸试验（结果与设计标准相比）
	2	土工合成材料延伸率	符合设计要求		拉伸试验（结果与设计标准相比）
	3	地基承载力	符合设计要求		按规定方法
一般项目	1	土工合成材料搭接长度	mm	+50,0	用钢尺量
	2	土石料有机质含量	符合设计要求		焙烧法
	3	层面平整度	mm	≤20	用 2m 靠尺
	4	每层铺设厚度	mm	±25	水准仪

不均匀沉降防治工程土工合成材料实测项目　　表 12.4.5-2

项次	检查项目	规定值或允许偏差	检查方法和频率
1	铺设范围	不小于设计值	每 200m 检查 4 处
2	下承层平整度、拱度	符合设计要求	每 200m 检查 4 处
3	搭接宽度(mm)	+50,0	抽查 2%
4	搭接缝错开距离(mm)	符合设计要求	抽查 2%
5	锚固(回折)长度(mm)	符合设计要求	抽查 2%

不均匀沉降防治工程 EPS 路堤质量检测项目　　表 12.4.5-3

序号	检查项目		允许偏差	检查方法和频率
1	EPS 块体尺寸	长度(mm)	±10	卷尺丈量，抽样频率：EPS 施工用量 $V<2000m^3$ 时抽检 2 块，$2000m^3 \leq V<5000m^3$ 时抽检 3 块，$5000m^3 \leq V<10000m^3$ 时抽检 4 块，$V>10000m^3$ 时，每 $2000m^3$ 抽检 1 块
		宽度(mm)	±8	
		厚度(mm)	±3	
2	EPS 块体密度		不低于设计值	天平，抽样频率同序号 1
3	EPS 块体强度		符合设计要求	抗压试验抽样频率同序号 1
4	基底压实度(%)		≥90	环刀法或灌砂法，每 $1000m^2$ 检测 3 点
5	垫层平整度(mm)		10	3m 直尺，每 20m 检查 3 点
6	EPS 块体之间的平整度(mm)		5	3m 直尺，每 20m 检查 3 点

续上表

序号	检查项目	允许偏差	检查方法和频率
7	EPS 块体之间缝隙(mm)	20	卷尺丈量,每20m检查1点
8	EPS 块体之间错台(mm)	10	卷尺丈量,每20m检查1点
9	基底横坡(%)	±0.5	水准仪,每20m检查6点
10	护坡宽度	不小于设计值	卷尺丈量,每40m检查1点
11	钢筋混凝土板厚度(mm)	+10,-5	卷尺丈量板边,每块2点(钻孔,视需要)
12	钢筋混凝土板宽度(mm)	±20	卷尺丈量,每100m检查2点
13	钢筋混凝土板强度	符合设计要求	抗压试验,每工作台班留2组试件
14	钢筋网间距(mm)	±10	卷尺丈量

注:路线曲线部分的EPS块体缝隙不得大于50mm。

加筋工程土工合成材料实测项目 表12.4.5-4

项次	检查项目	规定值或允许偏差	检查方法和频率
1	下承层平整度、拱度	符合设计要求	每200m检查4处
2	搭接宽度(mm)	+50,0	抽查2%
3	搭接缝错开距离(mm)	符合设计要求	抽查2%
4	锚固(回折)长度	符合设计要求	抽查2%
5	铺设层数	符合设计要求	每200mm检查4处
6	铺设层间距(mm)	±50	每200mm检查4处
7	筋材连接处强度	符合设计要求	每200mm检查4处

隔离防水工程土工合成材料(土工膜)实测项目 表12.4.5-5

项次	检查项目	规定值或允许偏差	检查方法和频率
1	下承层平整度、拱度	符合设计要求	每200m检查4处
2	搭接宽度(mm)	+50,0	抽查2%
3	搭接缝错开距离(mm)	符合设计要求	抽查2%
4	表面保护层厚度	符合设计要求	抽查2%

冲刷防护工程土工合成材料(土工织物软体沉排)实测项目 表12.4.5-6

项次	检查项目	规定值或允许偏差	检查方法和频率
1	下承层平整度、拱度	符合设计要求	每200m检查4处
2	搭接宽度(mm)	+50,0	抽查2%
3	充填或压重块体厚度(mm)	符合设计要求	每100m检查4处

冲刷防护工程土工合成材料(土工模袋)实测项目　　表 12.4.5-7

项次	检 查 项 目	规定值或允许偏差	检查方法和频率
1	下承层平整度、拱度	符合设计要求	每 200m 检查 4 处
2	模袋厚度(mm)	+50,0	每 100m 检查 4 处
3	模袋混凝土坍落度(mm)	+20，-20	每 $100m^3$ 检查 2 次
4	充填料强度(mm)	符合设计要求	每 $100m^3$ 检查 1 组

沙漠地区土工合成材料线外固沙质量检验实测项目　　表 12.4.5-8

项次	检 查 项 目	规定值或允许偏差	检查方法和频率
1	沙障高度	符合设计要求	抽查 2%
2	编织袋间距(mm)	±100	每 50m 检查 1 处
3	沙障锚固长度	符合设计要求	抽查 2%
4	土工网埋沙深度	符合设计要求	抽查 2%

盐渍土路基土工合成材料隔断层质量检验实测项目　　表 12.4.5-9

项次	检 查 项 目	规定值或允许偏差	检查方法和频率
1	下承层平整度、拱度	符合设计要求	每 200m 检查 4 处
2	搭接宽度(mm)	+50,0	抽查 2%
3	搭接缝错开距离(mm)	符合设计要求	抽查 2%

土工合成材料工程检查时,必须经外观项目检查合格后,才能进行允许偏差项目的检查。进行抽样检验时,应使抽样取点能反映工程的实际情况。凡检验范围为长度者,应按规定间距抽样,选取较大偏差点;其他在规定范围选取较大偏差点。

在施工条件、施工方法、施工艺有显著差异的地段应增设检测点。位于软弱地段、不同软基处理方式衔接路段等最有可能失稳,发生不均匀沉降的路段,除进行常规沉降、稳定观测外,还应增加观测断面(每 50m 设 1 个断面),并且要以稳定观测为重点,稳定观测应在工程竣工后才能结束。

分项工程质量检验内容包括基本要求、实测项目、外观鉴定和质量保证资料四个部分。只有在其使用的原材料、半成品、成品及施工工艺符合基本要求的规定,且无严重外观缺陷和质量保证资料真实并基本齐全时,才能对分项工程质量进行检验评定。实测项目的规定极值是指任一单个检测值都不能突破的极限值,不符合要求时该实测项目为不合格。

土工合成材料下承层十分重要,它是决定土工合成材料应用是否能达到设计要求的基本条件。其下承层的具体要求和检查频度也应满足现行《公路工程质量检验评定标准　第一册　土建工程》(JTG F80/1)的相应条款。

12.5 质量管理

12.5.1　应根据建设任务、施工管理和质量检验评定的需要,在施工准备阶段按《公路工程质量检验评定标准　第一册　土建工程》(JTG F80/1—2004)附录A,将建设项目划分为单位工程、分部工程和分项工程。施工单位、监理单位和建设单位应按相同的工程项目划分进行工程质量的监控和管理。

12.5.2　工程质量管理应遵循"分项保分部、分部保单位工程"的原则。应用土工合成材料的分项工程,都应从基本要求、实测项目、外观鉴定和质量保证资料四个方面进行质量检验。

12.5.3　对新技术、新材料、新工艺等施工经验不足的分项工程,应对人员进行培训,通过试验或示范确定施工工艺。对质量控制难点,应按照试验确定的质量标准进行跟踪检查验收。

12.5.4　对特殊地区、特殊情况,或采用本规范未列出的土工合成材料,在本规范中缺乏具体的技术规定时,应在确保工程质量的前提下,按照实际情况制定技术标准,并报主管部门批准后执行。对特大工程或特殊工程,可单独制定比本标准更严格的质量管理标准。

12.5.5　施工单位应有完整的施工原始记录、试验数据、分项工程自查数据等质量保证资料，并进行整理分析，应提交齐全、真实和系统的施工资料和图表。工程监理单位应提交齐全、真实和系统的监理资料。

12.5.6 质量保证资料应包括以下内容：

1 所用原材料、半成品和成品质量检验结果；

2 施工质量控制检验和试验数据；

3 地基处理、隐蔽工程施工记录；

4 各项质量控制指标的试验记录和质量检验汇总图表；

5 施工过程中非正常情况的记录及其对工程质量的影响分析；

6 施工过程中如发生质量事故，经处理补救后，达到设计要求的认可证明文件等。

附录A 侧向浸水加州承载比(MCBR)试验方法

A.1 适用范围

A.1.1 本试验适用于膨胀土用作土工格栅加筋柔性支护路堤填料时的性能测试。

A.1.2 试样的最大粒径宜控制在25mm以内,最大不得超过38mm。

A.2 仪器设备

A.2.1 圆孔筛:孔径38mm筛。

A.2.2 侧向浸水试筒:金属圆筒,如图A.2.2所示。其内径152mm、高170mm;筒壁带孔,孔径为3~6mm,沿筒壁平均分布为68行、11列,共724个;套环高50mm;筒内垫块直径151mm、高50mm。

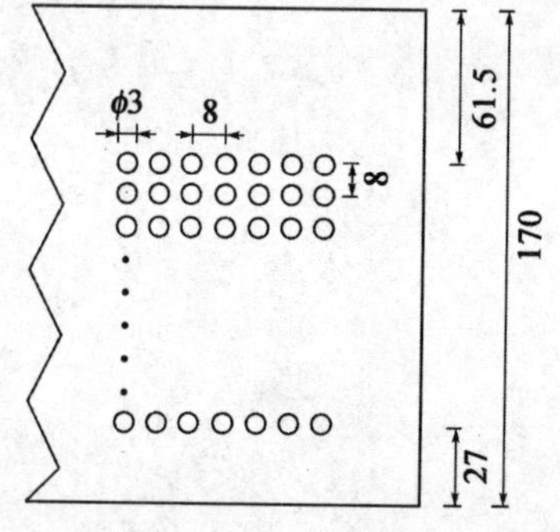

图A.2.2 试筒及透水孔布置(尺寸单位:mm)

A.2.3 电动击实仪:夯锤底面直径50mm,总质量4.5kg。

A.2.4 滤纸条:长50mm、宽15mm。

A.2.5 支架:整体式膨胀量测定支架,可同时测量多个试件,如图A.2.5所示;百分表连接杆可在支架上左右和上下移动,满足对不同上覆压力多个试件同时测试的需要。

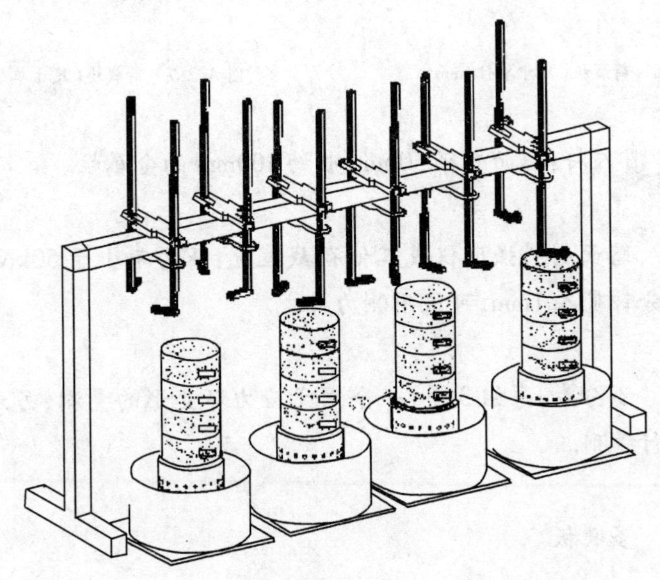

图A.2.5 整体式膨胀量测定支架

A.2.6 荷载板:直径150mm,中心孔眼直径52mm,每块质量1.25kg,并沿直径分为两个半圆块,每组数量为4块,如图A.2.6所示。

A.2.7 荷载块:直径150mm的实心块,每块质量8.00kg,如图A.2.7所示。

A.2.8 筒内垫块:直径151mm、高50mm的金属实心块。

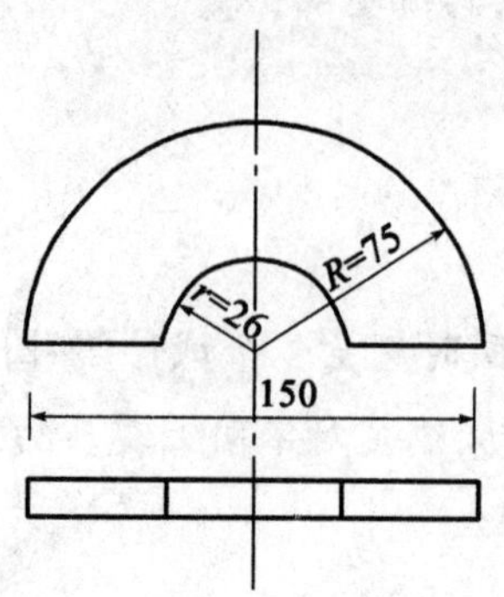

图 A.2.6　荷载板(尺寸单位:mm)

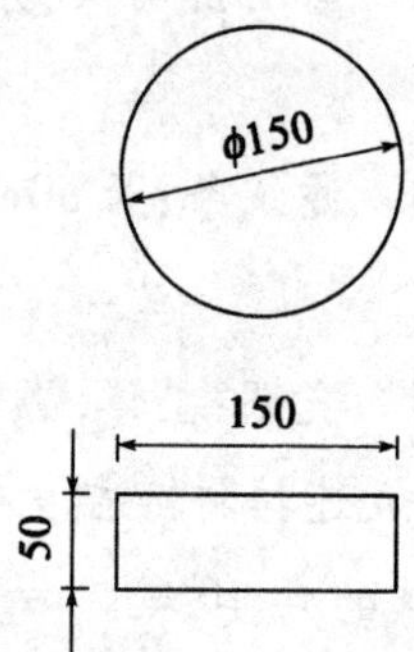

图 A.2.7　荷载块(尺寸单位:mm)

A.2.9　贯入杆:端面直径50mm、长约100mm的金属柱。

A.2.10　路面材料强度仪或其他荷载装置:压力不小于50kN,能调节贯入速度至每分钟贯入1mm,可采用测力计式。

A.2.11　百分表:每组3个,一个用于应力环变形的量测,另外两个用于贯入量的平行量测。

A.2.12　多孔板。

A.2.13　泡水筒:浸泡试件用,筒底直径应大于多孔底板两尖角间的距离。

A.2.14　其他:台秤,感量为试件用量的0.1%;天平,感量0.01g;木锤;喷水设备;碾土器;拌和盘;铝盒;修土刀;直尺;脱模器等。

A.3　试样制备

A.3.1　通过湿法击实试验求得土样的最大干密度和最佳含水率。

A.3.2 取具有代表性的天然状态下的试料15kg,对高含水率土,可省略过筛步骤,用手拣除大于38mm的颗粒。从试料中制备质量约6.0kg的试料1份,风干至最佳含水率的状态。

A.3.3 制试件前应取样测试试料的实际含水率。

A.3.4 当需要测定不同含水率试件的CBR值时,可采用湿土法将试料分别风干,使其含水率按2%~3%递减。

A.4 试验步骤

A.4.1 试筒称量后将其固定在底板上,安放滤纸,使之覆盖筒壁上的透水孔。放下筒内垫块并压住滤纸底部边缘使其紧贴试筒壁,在垫块上放一张圆形滤纸,安上套环,夹住滤纸上部边缘使其固定。

A.4.2 采用标准重型击实方法进行击实。试件分3层击实,每层需试样1600g左右。第一层击实完后,将试样层面"拉毛",然后进行第二层击实,重复上述方法进行其余每层试样的击实。

A.4.3 卸下套环,用直刮刀沿试筒顶修平击实的试件,表面不平整处用细料修补。取出垫块,称取试筒和试件的质量。

A.4.4 按以下步骤和要求泡水测膨胀量:

1 试件制成后,在修平的表面放一张好滤纸,并在上放置多孔底板。

2 将试件放入整体式膨胀量测定支架下的泡水筒里(先不放水),在顶面安装设有调解杆的多孔板,使试件受力均匀,并便于膨胀量的测量。在多孔板上依次加上4块荷载板和适当数量的荷载块。所加荷载块的数量应根据需要的上覆压力确定，通常为4块，放置荷载块时应避免偏心加载。

3 调整支架的拉杆，安装百分表，并读取初读数。

4 向筒内放水，使水自由地从试件的侧向和底部入渗。放水时应注意不要让水溅到试件顶面，筒内水面应控制在最上层的透水孔处。按规定时间间隔读百分表，并计算膨胀量。泡水4d，卸载后取出试件静置15min，让其排水，并称量，计算试件的湿度和密度的变化。

A.4.5 按以下步骤和要求进行贯入试验：

1 将泡水试验终了的试件放到路面材料强度试验仪的升降台上，调整偏球座，使贯入杆与试件顶面全面接触，再在试件顶面放置4块荷载板。

2 在贯入杆上施加45N荷载，然后将测力和测变形的百分表的指针都调整至零点。

3 加荷使贯入杆以1~1.25mm/min的速度压入试件，记录测力计内百分表某些整读数（如20、40、60）时的贯入量，并注意使贯入量为2.5mm时，能有5个以上的读数。

A.5 结果整理

应按现行《公路土工试验规程》（JTG E40）中T 0134进行试验结果的整理。

参考文献

[1] Victor Elias, Barry R. Christopher, Ryan R. Berg. Mechanically Stabilized Earth Walls and Reinforced Soil Slopes Design & Construction Guidelines. U.S. Department of Transportation Federal Highway Administration, Publication No. FHWA-NHI-00-043, March 2001.

[2] 肖建成.公路路基加筋设计中土工格栅材料的选择.湖南交通科技,2004,30(1).

[3] 邓昌中.加筋土路基力学行为的研究.重庆交通大学硕士学位论文.2007.

[4] 邓卫东."公路土工合成材料铺设损伤和老化指标确定的研究"研究报告.重庆交通科研设计院,2005.

[5] 施有志,马时冬.土工格栅的界面特性试验.岩土力学,2003,24(2).

[6] 李连强.安楚高速公路加筋土路堤施工关键技术.铁道勘察2006(4).

[7] 中华人民共和国行业标准.JT/T 480—2002 交通工程土工合成材料 土工格栅.北京:人民交通出版社,2002.

[8] 中华人民共和国行业标准.JT/T 513—2004 公路工程土工合成材料 土工网.北京:人民交通出版社,2004.

[9] 中华人民共和国行业标准.JT/T 514—2004 公路工程土工合成材料 有纺土工织物.北京:人民交通出版社,2004.

[10] 中华人民共和国行业标准.JT/T 515—2004 公路工程土工合成材料 土工膜袋.北京:人民交通出版社,2004.

[11] 中华人民共和国行业标准.JT/T 516—2004 公路工程土工合成材料 土工格室.北京:人民交通出版社,2004.

[12] 中华人民共和国行业标准.JT/T 517—2004 公路工程土工合成材料 土工加筋带.北京:人民交通出版社,2004.

[13] 中华人民共和国行业标准. JT/T 518—2004　公路工程土工合成材料　土工膜. 北京:人民交通出版社,2004.

[14] 中华人民共和国行业标准. JT/T 664—2006　公路工程土工合成材料　防水材料. 北京:人民交通出版社,2006.

[15] 中华人民共和国行业标准. JT/T 665—2006　公路工程土工合成材料　排水材料. 北京:人民交通出版社,2006.

[16] 中华人民共和国行业标准. JT/T 667—2006　公路工程土工合成材料　无纺土工织物. 北京:人民交通出版社,2006.

[17] 中华人民共和国行业标准. JT/T 521—2004　公路工程土工合成材料　塑料排水板(带). 北京:人民交通出版社,2004.

[18] 中华人民共和国国家标准. GB 50290—98　土工合成材料应用技术规范. 北京:中国计划出版社,1998.

[19] 杨光煦. 排水工程中的土工合成材料滤层设计与计算. 第二届土工合成材料防渗排水学术研讨会论文集. 2009.

[20] 王波,邱青长,谢仁红. 吹填淤泥地基处理后排水板通水能力的实验研究. 第二届土工合成材料防渗排水学术研讨会论文集. 2009.

[21] 刘建华,郭忠印,丁志勇,等. 公路排水设计中的土工合成材料应用技术. 同济大学学报(自然科学版),2006(4).

[22] 刘义虎,黄向京,肖泽林,等. 常张路膨胀土路堤设计、试验与施工. 湖南交通科技,2005(12).

[23] 中华人民共和国行业标准. SL T 225—1998　水利水电工程土工合成材料应用技术规范. 北京:中国水利水电出版社,1998.

[24] 西部交通建设科技项目.《土工合成材料固沙技术研究》研究报告.

[25] 黄兴安. 公路与城市道路设计手册. 北京:中国建筑工业出版社,2005.

[26] 盛安连. 沙漠地区公路设计. 北京:人民交通出版社,1996.

[27] 薛明,姚洪林. 盐渍土地区公路养护与环境技术. 北京:人民交通出版社,2006.

[28] 西部交通建设科技项目.《重盐碱地区公路翻浆处治技术、材料及工艺的研究》研究报告.

[29] 西部交通建设科技项目.《盐渍土地区公路桥涵及构造物防腐蚀技术研究》研究报告.

[30] 西部交通建设科技项目.《盐渍土地区公路养护维修及环境保护技术的研究》研究报告.

[31] 西部交通建设科技项目.《盐渍土地区路基路面病害防治技术研究》研究报告.

[32] 李宜池,薛明,房建宏. 盐渍土微观图集. 上海:同济大学出版社,2004.

[33] 徐攸在,等. 盐渍土地基. 北京:中国建筑工业出版社,1993.

[34] 颜强. 基于相平衡理论与智能化方法的盐渍土路用工程性质研究. 同济大学博士学位论文. 2004.

[35] 王小生. 盐渍土地区公路翻浆机理及其处治研究,同济大学硕士学位论文. 2003.

[36] 新疆维吾尔自治区交通厅. XJ TJ01—2001　新疆盐渍土地区公路路基路面设计与施工规范. 2001.

[37] 罗伟甫,盐渍土地区公路工程. 北京,人民交通出版社,1980.

[38] 杨广庆,吕鹏,庞巍,等. 反包式土工格栅加筋土高挡墙现场试验研究. 岩土力学,2008,29(2).

[39] 杨广庆, 周亦涛, 周乔勇,等. 土工格栅加筋土挡墙试验研究. 岩土力学,2009,30(1):206-210.

[40] Wu J T H, Lee K Z Z, Helwany S B, et al. Design and Construction Guidelines for Geosynthetic-Reinforced Soil Bridge Abutments, NCHRP Report 556.

[41] 西部交通建设科技项目.《加筋土路基力学行为与设计方法的研究》研究报告.

[42] 中交第二公路勘察设计研究院有限公司. 公路挡土墙设计与施工技术细

则.北京:人民交通出版社,2008.

[43] Bathurst R J, Allen T M, Walters D L. Reinforcement loads in geosynthetic walls and the case for a new working stress design method, Geotextiles and Geomembranes, 2005,23:287-322.